AF403506

R.-A. REISS

PROFESSEUR A L'UNIVERSITÉ DE LAUSANNE

CONTRIBUTION

A LA

RÉORGANISATION

DE LA POLICE

PARIS

LIBRAIRIE PAYOT ET Cie

46, RUE SAINT-ANDRÉ-DES-ARTS, 46

1914

Tous droits réservés.

CONTRIBUTION
A LA RÉORGANISATION
DE LA POLICE

R.-A. REISS

Professeur a l'Université de Lausanne

CONTRIBUTION

A LA

RÉORGANISATION

DE LA POLICE

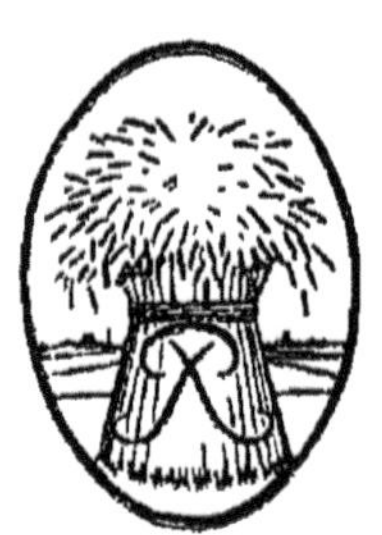

PARIS

LIBRAIRIE PAYOT ET Cie

46, RUE SAINT-ANDRÉ-DES-ARTS, 46

1914

Tous droits réservés.

PRÉFACE

On se rappelle les récents scandales de New-York, qui ont mis en lumière la mauvaise organisation de la police de cette ville. Les habitants de New-York se sont émus, avec raison, de ce déplorable état de choses, et le « Bureau of Municipal Research » s'est décidé à élaborer un projet de réorganisation de la police.

A cet effet, cette institution a envoyé en janvier 1913 un de ses collaborateurs, M. Sheperdson, en Europe, pour y étudier l'organisation des polices. M. Sheperdson, désireux de connaître aussi notre opinion à ce sujet, est venu à Lausanne, et nous lui avons exposé nos idées.

Les matériaux ainsi réunis devaient être publiés sous forme d'un livre dont nous devenions le collaborateur. Il était prévu que ce livre paraîtrait au cours de l'été 1913. Il n'a pas encore paru à l'heure qu'il est.

Entre temps, la question de la réorganisation de la police s'est posée aussi dans d'autres pays, et on nous a demandé de divers côtés ce que nous en pensions, *et ce que nous avions recommandé pour New-York.*

Bien que nous nous proposions de traiter en détail la question de l'organisation moderne de la police judiciaire ou criminelle dans le quatrième volume de notre Manuel de Police scientifique (technique), *nous n'avons pas cru pouvoir refuser cette publication. Nous livrons donc aujourd'hui au public intéressé ce que nous avons dit au représentant du « Bureau of Municipal Research », tout en laissant à notre exposé la forme originale d'interview.*

L'origine de ce travail explique pourquoi certaines questions sont traitées d'une façon assez détaillée, tandis que pour d'autres nous nous contentons d'indiquer des idées générales : c'est qu'on voulait savoir notre opinion surtout en vue de la réorganisation de la police de New-York, et que pour celle-ci certaines questions étaient tout spécialement importantes. Ainsi nous avons été amené à parler longuement de la prostitution, de sa réglementation et des souteneurs, en raison du rôle que ceux-ci ont joué dans les scandales Becker et consorts. Toutefois, nous le répétons, le présent travail n'est qu'un aperçu général de la question, qui sera approfondie et détaillée dans le quatrième volume de notre Manuel.

Nous croyons cependant que les idées émises dans ce travail, si sommaire qu'il soit, intéresseront ceux qui s'occupent de la police, et qu'il est peut-être bon de les faire connaître dès maintenant.

Qu'il nous soit encore permis de dire que les critiques contenues dans ce livre sont absolument impersonnelles, et ne s'adressent qu'à l'ensemble des polices que nous avons eu l'occasion de connaître au cours de nos nombreux voyages à travers un grand nombre de pays et de villes d'Europe.

Lausanne, mars 1914.

R.-A. Reiss.

CHAPITRE PREMIER

L'ORGANISATION GÉNÉRALE ET LES CHEFS

L'organisation générale de la police peut tout comprendre, comme à Paris par exemple, et être sous la direction d'un préfet. Dans ce cas nous distinguons successivement : la police criminelle ou judiciaire, la police d'ordre[1], la police sanitaire ou d'hygiène, la police des marchés, la police des constructions et le service du feu. Tous ces services peuvent être placés sous une seule direction.

A mon avis, ce système, s'il a ses avantages, n'est toutefois pas à recommander. Quand toute la police administrative, la police criminelle et la police d'ordre sont sous la direction d'un seul homme, ce dernier est chargé d'une si vaste surveillance qu'il lui est impossible d'avoir l'œil sur tout, et les services isolés souffrent nécessairement de cet état de choses. Ainsi, à Paris, le préfet de police actuel, M. Lépine (hiver 1913), s'in-

---

1. Sous cette dénomination, nous comprenons la police de la rue exercée par des agents en uniforme.

R.-A. REISS. 1

deux directions différentes : journellement l'une ou l'autre est informée d'événements qui sont de la plus haute importance pour les deux services, mais elles ne s'en informent pas réciproquement, soit par crainte de fournir à la police rivale une occasion de succès retentissant, soit par défaut de relations.

On pourrait objecter que la dualité de commandement crée entre les polices une surveillance réciproque. Il est pourtant rare que des fautes soient découvertes grâce à cette rivalité, car la jalousie professionnelle n'exclut pas la solidarité entre ces personnes d'une catégorie bien déterminée, solidarité qui les empêche de révéler éventuellement des faits de nature à porter préjudice à l'un ou à l'autre de leurs collègues.

Exemple : supposons qu'un agent de la police d'ordre ait, durant son service, connaissance d'un fait ne le concernant pas directement lui-même, mais de la plus haute importance pour la police criminelle ; il n'en sera pas moins tenté de garder cette information pour lui, de peur de donner à la police criminelle l'occasion de briller devant le public. Mais si le même agent trouve quelque part un de ses collègues de la police criminelle en état d'ivresse, le sentiment de la solidarité l'empêchera de porter cet incident à la connaissance des chefs intéressés.

Par une direction unique de la police d'ordre et de la police criminelle (police judiciaire ou police de sûreté), on supprime les rivalités et la concurrence. D'ailleurs ces deux services ont si souvent l'occasion de travailler dans le même champ d'action, qu'il est étonnant qu'on puisse même songer à les placer sous deux directions différentes.

Exemple : dans toutes les villes, une des attributions de la police d'ordre est de poursuivre les flagrants délits. Si un agent de police en uniforme découvre un homme en train de voler, il n'appellera pas d'abord la police criminelle à son secours, mais il arrêtera le voleur sur-le-champ. Dans la suite, il comparaîtra devant le tribunal, exactement comme le fait un agent de sûreté, en fonctionnaire assermenté. La police d'ordre doit fréquemment aussi intervenir dans les recherches concernant la police criminelle et la justice. L'agent de police, par exemple, doit souvent chercher à découvrir le domicile d'un coupable.

Les fonctions de ces deux sortes de police se touchent ainsi de si près dans un grand nombre de cas, que ce serait agir à contresens de les placer sous deux commandements différents.

J'ai dit plus haut qu'à Lausanne les deux polices sont sous deux directions différentes. En réalité il y en a une troisième sorte, obéissant à une troisième autorité différente des deux autres : c'est la gendarmerie. Ce défaut d'unité de commandement produirait sûrement des incidents intolérables au point de vue policier s'il n'était corrigé, en une certaine mesure, par le fait que, dans toutes les affaires criminelles, c'est le juge d'instruction qui est chargé de la direction des recherches, et qu'alors il prend en mains la direction des trois sortes de police.

Je répète donc qu'à mon avis la police criminelle et la police d'ordre devraient être confiées à un directeur unique (directeur général de la police) qui aurait sous ses ordres deux chefs. L'un de ceux-ci serait affecté à la police criminelle et l'autre à la police d'ordre. Grâce à la personnalité du directeur, qui garantit l'unité de commandement, des relations directes pourraient ainsi s'établir entre les deux services.

Le directeur, d'après moi, doit être une personnalité qui, à côté d'une grande expérience policière pratique (mais point militaire), connaisse à fond les procédés de la technique moderne, non pas pour les exécuter pratiquement lui-même, mais pour savoir au moins quand et comment il faut les employer et tout le parti qu'on en peut tirer.

La personnalité qui convient à ce poste varie naturellement suivant les pays où l'on veut introduire cette organisation. Il est évident, en effet, que certaines nations ont l'esprit beaucoup plus pratique que d'autres. Dans tous les cas, une des conditions primordiales doit être, me semble-t-il, que le directeur de police n'ait jamais fait de politique et ne veuille jamais en faire.

La nomination du directeur de police devrait être faite par le Conseil d'Etat, comme chez nous, par le Conseil des Ministres ou son représentant : le Président, ou encore, dans les monarchies, comme en Allemagne, par le Chef d'Etat lui-même. Il faut absolument éviter que ce directeur soit nommé par des personnalités qui dépendent elles-mêmes directement de la politique. Le poste de directeur de police doit être stable et ne pas dépendre du parti au pouvoir, comme c'est actuellement le cas dans beaucoup de pays : Roumanie, certains états de l'Amérique du Sud, États-Unis, etc.

Quant aux milieux d'où le directeur de police doit sortir, il varie, comme nous l'avons déjà dit, avec le caractère national et les coutumes des divers pays. Dans de nombreux Etats, une bonne carrière policière supérieure sera la meilleure préparation pour un futur directeur de police. Une carrière faite d'avancements successifs, et exercée dans des villes de plus en plus grandes, serait également à recommander. Toutefois, une certaine réserve s'impose ici. En effet, les gens qui arrivent à une position élevée après avoir passé par les degrés inférieurs deviennent facilement des bureaucrates, et le plus gros défaut qu'un directeur de police puisse avoir, c'est d'être bureaucrate. Il est certain que les fonctionnaires de la police sont enclins, eux aussi, à le devenir et ce fait est lié très étroitement au régime qui, malheureusement, existe dans presque tous les états actuels. Si l'on réussit à restreindre cette bureaucratie par une nouvelle organisation, pratique et conforme au but de la police, on évitera le danger de posséder des bureaucrates au lieu de praticiens.

En dehors des milieux policiers, on trouve parfois certaines personnes auxquelles on peut confier les fonctions pleines de responsabilités de chef suprême de la police; mais ces personnes sont rares, très rares. Ce sont surtout des hommes ayant fait de bonnes études de sciences naturelles, ou des techniciens auxquels cette culture spéciale a donné l'habitude d'observer et d'observer exactement ce qui se passe autour d'eux.

Les expériences de mon laboratoire m'ont montré que la préparation par les sciences naturelles ou techniques est une des meilleures qui soient pour un futur fonctionnaire supérieur de la police. La culture classique, exigée pour les juristes par exemple, détruit trop souvent toute disposition à l'observation de la vie de tous les jours; elle tend à former des rêveurs ou des gens qui se livrent à des spéculations philosophiques, et que l'observation et l'interprétation de la vie humaine courante n'intéressent guère. Le don de l'observation est une qualité des plus importantes pour le policier, non seulement en vue des recherches criminelles, mais aussi des mesures qu'il doit prendre à l'égard du public. En ce qui concerne ce dernier, le directeur de police doit savoir ce qu'il peut en réclamer, et ce que le peuple considérera comme une chicane.

Dans nombre d'États on nomme de préférence, comme chefs de police, d'anciens officiers supérieurs. Ce choix découle certainement du principe, généralement admis, qu'un ancien officier maintiendra plus facilement la discipline dans le corps de police qu'un simple civil. Ce calcul est incontestablement juste dans une certaine mesure. Toutefois l'ancien militaire, surtout comme chef de police criminelle, joue en général un rôle bien peu brillant. Il traite le plus souvent ses subordonnés comme ses anciens soldats et se contente fréquemment d'obtenir de leur part une tenue toute militaire et des rapports écrits dans le plus pur style bureaucratique. Quant aux nouveaux procédés techniques et scientifiques nécessaires pour le bon fonctionnement d'une police moderne, il ne s'en soucie pas du tout et il ne les comprend même pas, car il n'est pas préparé à les comprendre par l'éducation qu'il a reçue.

Au cours de mes voyages, j'ai fait la connaissance d'anciens soldats, devenus chefs de police dans de grandes villes, et qui n'avaient aucune idée des moyens modernes employés pour établir l'identité d'un récidiviste. D'autre part, des subordonnés, des agents de police criminelle, etc., se sont plaints à moi du peu de compréhension de leur chef pour leur activité et du peu d'encouragement qu'ils recevaient de lui dans leur travail. Naturellement l'organisation de la police y était tout à fait moyenâgeuse et n'était nullement conforme aux moyens dont nous disposons actuellement pour lutter contre une criminalité qui, elle, utilise aujourd'hui, avec succès, toutes les découvertes techniques et scientifiques. Je dois toutefois ajouter qu'il s'agit ici d'anciens militaires européens, qui connaissaient bien la vie de caserne, mais qui ignoraient la vie pratiquée dans certains pays comme dans les colonies.

Autre inconvénient: l'ancien soldat, comme chef de police, se montre facilement brusque dans ses rapports avec le public, parce que le métier militaire lui a donné l'habitude de commander et de trouver toujours une obéissance immédiate. Or un chef de police ne peut guère commettre de faute plus nuisible que celle-là. Il réussit beaucoup plus sûrement en traitant le public d'une manière énergique mais polie, qu'en cherchant à en imposer à la foule par des ordres dits sur un ton cassant et par de la réclame dans les journaux. Certes, on peut trouver aussi parfois dans le monde militaire la personnalité apte à remplir le poste de chef de police, mais ce choix se fait beaucoup plus facilement dans le monde civil, parmi des particuliers que leur profession a mis en contact direct et intime avec le public.

Comme je l'ai déjà dit plus haut, un homme capable pourra arriver au poste de directeur de police en débutant d'abord dans de petites localités et en passant petit à petit, à force de travail, dans de plus grandes villes. Il faut toutefois y ajouter une condition : c'est que le milieu des différentes villes où il a exercé sa profession, soit à peu près le même. Un chef de police, par exemple, qui serait à sa place dans une ville prussienne, n'y sera pas du tout dans une ville wurtembergeoise. Je peux citer en exemple le cas d'un commissaire de police criminelle, très capable, qui fut appelé de Berlin à Stuttgart, et qui ne put rester plus d'un mois dans cette dernière ville.

Le traitement du directeur de la police doit être naturellement en rapport avec les grandes responsabilités qui incombent à ce poste. Les Anglais, en cela, nous ont donné un bon exemple. En Angleterre, en effet, les places lourdes de responsabilités sont, en général, très bien payées, et en particulier les honoraires des fonctionnaires supérieurs de la police sont fort élevés. En France, ces honoraires sont beaucoup plus modestes : le chef de la sûreté, à Paris, ne reçoit que 18.000 francs environ par an, tout compris, et le chef du service de l'identité seulement 10.000 francs environ ; le préfet de police de Paris reçoit au plus 50.000 francs par an. En Allemagne, les traitements sont aussi modestes, dans tous les cas beaucoup trop faibles si l'on considère les responsabilités qui incombent aux fonctionnaires supérieurs de la police. Ils sont parfaitement insuffisants dans certains pays comme l'Italie, l'Espagne, etc., où ils varient entre 2.400 et 6.000 francs. En Suisse, ils sont très variables. Le traitement annuel, par exemple, du chef de la sûreté du canton de Vaud n'atteint que 5.000 francs.

Résumons ce que nous venons de dire :

1° En général, et les exceptions sont peu nombreuses, les fonctions, pleines de responsabilités, des chefs de police sont trop peu payées, et naturellement, très souvent, le zèle et les connaissances de ces magistrats sont en proportion directe de leur salaire.

2° Pour diverses raisons, le choix des chefs de police est très souvent défectueux. Une des raisons principales est que les fonctions policières sont, dans de nombreux cas, confiées à des gens envers lesquels l'Etat a des obligations et qu'il case ainsi, même si ces gens ne sont pas qualifiés.

3° Dans de telles conditions, l'éducation professionnelle policière est regardée comme tout à fait accessoire, et parfois elle manque complètement.

4° Outre une culture technique sérieuse, le directeur de la police doit posséder certains talents d'organisation, mais ses mesures organisatrices ne doivent pas tendre à faire de la police une bureaucratie.

5° Le chef de police doit savoir traiter convenablement le public. Il doit être en bons rapports avec son personnel, tout en usant d'une discipline énergique. En dehors du service, il ne doit pas considérer son personnel comme de simples subordonnés, mais comme des collaborateurs dont dépend le succès de sa mission.

6° La police criminelle et la police d'ordre (police des rues) doivent être sous une même direction et être séparées de la police administrative proprement dite.

7° La politique n'a rien à faire dans la police, qui est là pour protéger tous les honnêtes gens, à quelque parti politique qu'ils appartiennent, contre le monde criminel, et pour collaborer, avec la justice, à l'observation des lois. Toute nomination politique dans la police est une grave faute, qui peut avoir les conséquences les plus fâcheuses pour le bon fonctionnement de cette institution.

CHAPITRE II

LA POLICE CRIMINELLE

Comme je l'ai dit à une autre place, la police criminelle doit être placée sous un chef spécial, qui lui-même dépend du directeur de police. Ce chef doit avoir reçu une éducation professionnelle méthodique. Il doit connaître à fond le service criminel et avoir travaillé, si possible, comme simple inspecteur de police. Il n'est pas absolument nécessaire qu'il ait suivi la carrière dès le début. On peut réussir comme policier tout en ayant exercé précédemment une profession différente. Mais dans ce cas une condition est indispensable : il faut avoir travaillé comme simple inspecteur pendant un temps suffisant. C'est ainsi que Voïnescu, l'excellent inspecteur général de la police criminelle de Roumanie, était procureur du roi avant son entrée dans la police. Il a fonctionné pendant un an, à Paris, comme simple inspecteur de la Sûreté.

Le chef de la police criminelle doit connaître également tous les moyens techniques dont la police et la justice disposent aujourd'hui, car, comme nous l'expliquerons plus loin, les services de la Sûreté (police judiciaire) devront avoir à leur disposition des laboratoires techniques pour la recherche et l'utilisation des indices matériels trouvés sur les lieux, etc.

Ce que j'ai dit de la conduite du directeur de police vis-à-vis du public, concerne aussi, et même tout particulièrement, le chef de la police criminelle.

Ce dernier, en relations fréquentes et directes avec la justice, doit connaître aussi à fond le fonctionnement, les rouages et la procédure de la justice. Il serait à souhaiter que le chef de la police criminelle, avant son entrée en fonction, fît un stage de quelques semaines dans une cour de justice. C'est le tact de ce fonctionnaire qui préviendra la jalousie, dont on se plaint presque partout, entre la justice et la police.

Dans ce qui précède, j'ai cité Voïnescu de Bucarest comme exemple, et j'ai aussi dit qu'il avait été magistrat avant d'être policier. Le recrutement des chefs de la police criminelle dans les milieux judiciaires est souvent excellent pour créer de bons rapports entre police et justice.

J'ai actuellement comme élèves dans mon laboratoire trois messieurs envoyés par le gouvernement roumain, dont deux occupent déjà des postes élevés dans l'administration de la police. L'un était auparavant juge d'instruction.

Le Service de police criminelle, dont l'ensemble est sous les ordres d'un chef spécial, doit compter les sections suivantes :

I. — Service criminel pratique.

a. La brigade du chef.

b. La brigade ayant pour mission de surveiller la voie publique, les spectacles, bals, etc.

c. La brigade des mœurs.

d. La brigade des jeux, clubs, etc.

e. La brigade des hôtels et pensions.

f. La brigade des « internationaux ».

g. La brigade des anarchistes.

h. Le bureau de surveillance des entreprises financières.

II. — Service des Archives et de la comptabilité.

a. Service de la comptabilité.

b. Service des dossiers.

c. Collection des photographies.

d. Bureau de rédaction.

e. Service du contrôle des étrangers et des habitants.

III. — Les services techniques.

a. Service de l'identité judiciaire.

b. Laboratoire de police.

IV. — **Service des bureaux**.

Ce dernier sera attribué, suivant les nécessités, aux divers autres services ; dans les grandes villes c'est lui qui aura la charge du service télégraphique et téléphonique.

I. — **Service criminel pratique**.

a. La brigade du chef. — Les inspecteurs de cette brigade seront recrutés parmi les meilleurs fonctionnaires des diverses brigades. C'est le chef lui-même qui les choisit. Cette brigade s'occupe exclusivement des affaires très graves et délicates : assassinats, cambriolages importants, vols considérables, etc. C'est l'élite de la police criminelle, dirigée personnellement par le chef, qui sera secondé par un inspecteur principal faisant fonction d'adjudant et, en cas d'absence du chef, de remplaçant.

b. La seconde brigade (*brigade de la voie publique*) aura à surveiller la rue, les spectacles et cortèges publics, les champs de courses et les gares. Elle aura surtout à intervenir en cas de flagrant délit.

Je ne crois pas utile de spécialiser les hommes de cette brigade d'après les délits et crimes qui peuvent être commis sur la voie publique, comme cambriolages de vitrines, vol à la tire, bonneteau, etc. Il est vrai qu'ainsi non seulement les inspecteurs, mais aussi leurs supérieurs deviennent de véritables spécialistes. A Berlin, par exemple, les diverses spécialités délictueuses sont traitées par des commissaires spéciaux.

Le grand défaut de cette organisation spécialisée est que, dans la criminologie pratique, on ne trouvera jamais une spécialisation si stricte, qu'une catégorie de délinquants ne vienne se mélanger à une autre. Les commissaires et inspecteurs spécialisés sauraient ainsi des détails qui intéresseraient au plus haut degré leurs collègues d'une autre spécialité. Ils ne les communiqueraient cependant pas aux derniers, de crainte de leur fournir une occasion de succès qui les ferait avancer en grade avant eux.

Dans la pratique et même en ne poussant pas à la spécialisation, il arrivera toutefois que l'un ou l'autre des inspecteurs deviendra un véritable spécialiste. Les supérieurs l'utiliseront alors de préférence pour traiter les cas de sa spécialité.

Mais ces inspecteurs spécialistes n'ont pas le même intérêt à cacher les observations, qu'ils ont faites et qui ne les regardent pas directement, à leurs collègues ou à leurs chefs, comme l'ont certains fonctionnaires de grade supérieur.

La brigade de la voie publique a à sa tête, comme celle du chef, un inspecteur principal. Celui-ci commande un certain nombre de brigadiers qui, de leur côté, sont les chefs directs des inspecteurs.

R.-A. Reiss. 2

L'inspecteur principal distribue le travail courant aux brigadiers. Ceux-ci le feront exécuter par les inspecteurs selon leurs aptitudes. Il va sans dire que les cas les plus importants devront être suivis par plusieurs inspecteurs.

Entre cette organisation du travail et le système de spécialisation générale, il y aura cette différence principale que dans la première on aura sans doute des inspecteurs spécialistes, mais que leurs chefs ne seront pas des spécialistes à proprement parler. Ils sauront traiter tous les cas de la pratique. Pour arriver à cela il est très désirable que les inspecteurs principaux, avant d'arriver à cette situation, aient passé par les diverses brigades.

c. La brigade des mœurs a pour tâche de maintenir la moralité publique en surveillant la prostitution dans les rues, éventuellement dans les maisons publiques, et en s'occupant de la traite des blanches et de la pédérastie.

Les cadres de cette brigade sont les mêmes que ceux de la brigade *b*. Naturellement il y aura un nombre suffisant de brigadiers. Les brigades suivantes seront, d'ailleurs, organisées aussi de la même façon. Les détails touchant la brigade des mœurs seront traités avec la question de la prostitution.

d. La brigade des jeux surveillera, comme le

dit déjà son nom, les maisons de jeu, les clubs et aussi les champs de course. Les inspecteurs de cette brigade seront recrutés entre autres et comme il sera spécifié sous I *e*, parmi les garçons de café et de restaurant.

e. Le recrutement de *la brigade des hôtels et pensions* devra être fait d'une façon tout spécialement soignée. Les inspecteurs qui travaillent dans cette brigade auront très fréquemment à exécuter des missions fort délicates dans des hôtels et pensions élégants. Pour pouvoir travailler utilement, il ne faut pas qu'ils soient reconnus comme policiers par les hôtes de ces maisons. Ils devront donc pouvoir s'adapter à ces milieux élégants et se comporter en parfaits mondains. Dans les polices criminelles actuelles, de tels hommes sont très rares. Je n'en ai trouvé parmi les inspecteurs qu'en Angleterre et en France, et là même ils étaient fort clairsemés.

A Berlin, ce sont les commissaires eux-mêmes, c'est-à-dire les chefs, qui doivent souvent entreprendre des surveillances dans les hôtels de premier rang, parce qu'ils sont les seuls qui sachent y avoir la tenue qu'exige le milieu. La même affaire les y retient souvent un temps plus ou moins long, pendant lequel ils n'en peuvent pas suivre d'autres. Le travail courant est donc nécessairement négligé.

Or, ceci ne doit pas arriver dans un service de police criminel bien organisé.

Dans des cas exceptionnels, les supérieurs pourront s'occuper personnellement et exclusivement, pendant un ou deux jours, d'une surveillance ou d'une recherche, mais en général ces opérations devront être exécutées par les inspecteurs et brigadiers.

On ne trouvera guère parmi les anciens sous-officiers des hommes pouvant frayer dans les milieux des palaces-hôtels, mais on en rencontrera fréquemment parmi les gens en contact avec le monde chic. Je recruterais donc le personnel de cette brigade parmi les garçons de café et d'hôtel, les domestiques de bonnes maisons et, peut-être aussi, parmi les jeunes commerçants, en général parmi les individus qui, par leur profession, ont eu contact avec des gens d'éducation soignée et raffinée.

Un recrutement pareil est aussi nécessaire, comme je l'ai dit déjà, pour les inspecteurs de la brigade *d*.

J'ajouterai que de tels fonctionnaires surveilleront facilement aussi et avec succès des étrangers suspects, en se déguisant en garçons de salle ou en valets de chambre, éventuellement en manœuvrant les ascenseurs, etc.

Le chef de brigade ne devra pas hésiter, dans ces cas importants, à faire engager dans un hôtel, comme employé, un de ses inspecteurs pendant plusieurs jours et même, au besoin, pendant quelques semaines. La surveillance se fera ainsi d'une façon parfaite. Il va sans dire que dans les grandes villes, comme New-York, où il y a un grand nombre d'hôtels, la brigade devra être assez nombreuse pour pouvoir supporter l'envoi de plusieurs fonctionnaires en mission spéciale et de longue durée.

La brigade I e aura également la tâche de surveiller les passagers des bateaux. Parfois aussi ses inspecteurs et brigadiers s'embarqueront avec les étrangers suspects.

Il incombe tout spécialement à la brigade des hôtels et pensions de surveiller et de découvrir tous les délits et crimes qui arrivent dans de tels établissements. Elle aura à s'occuper principalement des rats d'hôtels, des aventuriers, etc., mais aussi à rechercher les grands criminels d'autres spéciaités, car c'est dans les grands hôtels qu'ils trouvent leur meilleur refuge. Il est certain que ces établissements fournissent aujourd'hui au voleur de marque et, en général, au criminel appartenant à la haute pègre un des meilleurs moyens pour dépister la police, à condition qu'ils possèdent suffisamment de savoir-vivre pour pouvoir jouer au client distingué et riche. La police ferme toujours plus ou moins les yeux quand il s'agit de contrôler les hôtes des grands palaces-hôtels.

Le propriétaire d'un hôtel de troisième ou de quatrième rang ou celui de la petite pension est forcé d'annoncer tout de suite l'arrivée de l'étranger en fournissant son état civil complet. S'il omet cette formalité, il est puni d'une amende.

En revanche, l'étranger qui descend dans les grands hôtels peut indiquer, dans presque tous les pays, un nom de fantaisie. Il fait écrire ce nom par un employé (le plus souvent on n'insiste pas qu'il l'écrive lui-même) sur un bulletin d'arrivée qui est transmis à la police. Un contrôle de sa personnalité est ainsi impossible, et il peut séjourner tranquillement à l'hôtel pendant longtemps.

Presque nulle part, la police n'exerce une surveillance sérieuse sur les étrangers des grands hôtels, sur ceux du moins qui ne sont pas spécialement signalés. Les hôtels de troisième et de quatrième rang ne jouissent pas de cette mansuétude de la police, qui y opère parfois de véritables rafles.

Je n'ai trouvé jusqu'à maintenant qu'en Russie une surveillance efficace des hôtes des grands hôtels. Dans ce pays, la police demande immédiatement les passeports à tous les voyageurs, qu'ils descendent dans les grands ou dans les petits hôtels.

J'ajouterai que l'étranger devrait toujours signer personnellement son bulletin d'arrivée, comme l'a recommandé, entre autres, le commissaire Weiss,de Berlin. C'est une mesure de précaution très rationnelle, car on a ainsi une pièce qui pourra servir à l'identification du voyageur par simple comparaison avec ses signatures sur les bulletins provenant d'autres hôtels. Ma propre expérience m'a démontré qu'il est ainsi possible d'arriver à l'identification d'un délinquant qui a passé par plusieurs hôtels (rats d'hôtels) ou de contrôler les alibis qu'il indique.

Il va sans dire que le bulletin d'arrivée doit parvenir au bureau de contrôle des étrangers en moins de deux heures. Le contrôle de ces bulletins devra se faire aussi bien de nuit que de jour, car un individu recherché peut arriver à l'hôtel à 10 heures du soir et en repartir à 6 heures du matin. Si la police reçoit son bulletin d'arrivée à 8 heures seulement, elle ne pourra plus mettre la main sur lui : le « client » aura disparu depuis longtemps.

Je recommanderai de plus l'application, sur le bulletin d'arrivée, d'une empreinte digitale au moins. Cette opération peut se faire sans trop incommoder l'étranger.

f. Brigade des internationaux. — Cette brigade s'occupera de la surveillance et, éventuellement, de l'arrestation de criminels internationaux (demandes d'extradition, etc.). Elle travaillera souvent avec la brigade *e*, et les deux brigades devront se communiquer, dès le commencement des recherches, tous les renseignements relatifs aux cas qui les intéressent l'une et l'autre.

Si, par exemple, un inspecteur de la brigade des internationaux a acquis la conviction que l'individu recherché par lui se trouve dans un hôtel ou dans une pension, il devra lui être permis de se joindre à la brigade *e* et d'exécuter son travail avec un ou plusieurs agents de cette dernière. C'est là ce que j'appelle « travail en commun ».

Ce travail en commun montre, ce que j'ai dit à une autre place, que la séparation des brigades ne doit pas être absolue, mais qu'elles doivent rester en contact continuel et intime.

Les fonctionnaires de la brigade *f*, comme ceux de la brigade des hôtels, devront connaître les principales langues étrangères. Ils auront une éducation et un savoir-vivre qui leur permettent de fréquenter les milieux mondains. Il est nécessaire aussi qu'ils sachent s'adapter facilement aux divers mondes, et si un déguisement est utile pour l'accomplissement de leur mission, ce déguisement ne doit pas les rendre ridicules.

Le recrutement de tels agents est assez difficile. On les trouvera le plus souvent dans les métiers déjà signalés et parmi les hommes ayant des rapports avec l'élément mondain et riche.

g. Brigade des anarchistes. — Quoique, à mon avis, la police politique pure doive être complètement séparée du service de la police judiciaire, je dois dire que la surveillance des anarchistes ne peut être faite que par la police de sûreté.

En effet, les individus qui s'affublent aujourd'hui du nom d'anarchistes et commettent des crimes dits aussi « anarchistes », ne sont pas des criminels politiques purs, comme me l'ont démontré bien souvent des événements qui se sont passés en Suisse. Ce sont des criminels qui tombent sous le droit commun, mais qui prennent l'étiquette « politique » soit pour satisfaire leur soif de gloriole, soit pour éveiller des sympathies dans le peuple.

Nous avons eu en Suisse de tels anarchistes à maintes reprises. Il nous suffira de mentionner le cas d'Archansky et de Diwnogorsky (double assassinat à Montreux). Ces individus étaient de simples voleurs et assassins qui cherchaient, par des déclamations politico-révolutionnaires, à gagner les sympathies d'une partie de la population. Je rappelle aussi le fait que beaucoup d'États n'extradent pas les criminels politiques. Ainsi les criminels de droit commun qui se réfugient dans ces pays, ont tout à gagner à se faire passer pour des « politiques ».

La surveillance des soi-disant anarchistes s'impose aussi parce qu'ils ont adopté aujourd'hui pour tactique d'attaquer la richesse publique en fabriquant de la fausse monnaie et de faux billets de banque. Cette tactique n'est d'ailleurs pas toute nouvelle, car les révolutionnaires allemands de 1848 la préconisaient déjà. Ainsi le révolutionnaire Kingel, réfugié en Suisse, recommandait à ses amis de fabriquer des billets de banque faux pour désorganiser la circulation fiduciaire. Les événements parisiens récents (Bonnot, Garnier et consorts) ont montré ce que le public doit attendre de ces gens-là.

Le recrutement des inspecteurs de la brigade g dépend du genre d'anarchistes qui « travaillent » surtout dans le pays. Cependant les anarchistes de tous les pays se recrutent en grande partie dans les milieux ouvriers. Les agents devront donc être choisis parmi ceux qui connaissent bien ces milieux. Il est toutefois nécessaire que quelques-uns soient aussi au courant des éléments anarchistes étrangers. Il y a une grande immigration allemande, italienne et russe en Amérique, et parmi ces immigrants il n'y a pas mal d'anarchistes. La brigade doit les connaître. Pour cela il est recommandable d'y embaucher aussi des hommes appartenant aux nationalités qui fournissent le plus grand nombre de ces « indésirables ». La nationalité ne doit pas être un obstacle absolu à l'admission dans la brigade des anar-

chistes — et même dans les autres — d'hommes
sérieux pouvant rendre de réels services.

La question de la surveillance des anarchistes
est intimement liée à celle de la police internationale qui, malheureusement, n'existe pas encore.
Cependant un mouvement très net se dessine en sa
faveur. On a déjà plaidé pour elle de divers côtés,
et moi-même j'ai souvent insisté sur la nécessité
de sa création. A une autre place j'expliquerai
brièvement ma manière de voir à cet égard.

Mais dès aujourd'hui les brigades des anarchistes
des divers pays devraient être en relations suivies
entre elles et procéder à un échange de signalements et de notes concernant les déplacements de
ces hommes dangereux pour la sécurité publique.
Il existe d'ailleurs déjà maintenant, dans certains
pays, des circulaires rédigées par les services com-
pétents qui indiquent les déplacements des anarchistes, donnent leur signalement et leur état-civil
exact. Ces circulaires sont envoyées chaque semaine
aux directions de police et à la gendarmerie.

*h. Le bureau pour la surveillance des entre-
prises financières.* — On adjoindra encore au service pratique de police criminelle ou judiciaire un
bureau spécial pour la surveillance des entreprises
financières. Ce bureau aura pour tâche d'examiner.
au point de vue de leur sincérité et de leur hon-

nêteté, toutes les nouvelles entreprises financières dont la police a connaissance, et qui ne sont pas lancées ou patronnées par des banques ou autres instituts reconnus sérieux.

Aujourd'hui que des entreprises financières souvent fort douteuses se multiplient de plus en plus, il est nécessaire de les surveiller de près pour pouvoir, éventuellement, prévenir le public à temps de leur caractère peu sérieux sinon frauduleux.

Le bureau se verra bien souvent dans la nécessité de provoquer directement la poursuite judiciaire de certaines de ces entreprises.

Un bureau semblable fonctionne déjà, avec le concours de la police, au parquet du tribunal de la Seine. Je crois cependant qu'il est préférable de l'attribuer plutôt à la police qu'au parquet, car la première aura toujours les coudées plus franches que le second.

Le bureau sera dirigé par un chef (directement subordonné au chef de la police judiciaire) qui possède, à côté d'une bonne éducation policière, une sérieuse pratique des choses de la finance. Il sera secondé par un sous-chef. Tous les fonctionnaires attribués au bureau devront également connaître les pratiques du commerce et, tout spécialement, de la banque. On les recrutera donc de préférence parmi les jeunes employés de commerce ou de banque.

Dans ma répartition des services de la police criminelle, je n'ai pas fait mention d'une brigade mobile, et cela pour la raison que, dans une ville comme New-York, cette brigade est remplacée par celle « du chef », qui s'occupe de tous les grands crimes, et qui est directement commandée par le chef de la police judiciaire. Il serait cependant désirable de choisir, dans toutes les brigades, des inspecteurs capables et d'en former une sorte de brigade mobile ou plutôt une brigade de voyage.

En effet, il arrive fréquemment que des inspecteurs de la Sûreté devraient filer des criminels et provoquer leur arrestation en dehors de la ville ou du pays où ils sont fonctionnaires. Alors, s'il faut charger une autre police de continuer la recherche commencée ailleurs, le succès de cette opération est, dans bien des cas, fort douteux, car la seconde police ne connaît pas à fond le cas et n'est pas toujours au courant des habitudes du criminel étranger.

Le succès d'une telle recherche est toujours beaucoup plus certain si la police de l'endroit où l'individu s'est enfui est assistée par les agents qui ont suivi le cas dès le commencement. Ainsi, supposé qu'un grand crime ait été commis à New-York par un Américain habitant cette ville, et que celui-ci s'enfuie à Paris ; la police et la justice amé-

ricaines prieront les Parisiens d'arrêter le coupable.
Mais ces derniers ne connaîtront ni les détails de
l'affaire ni les habitudes du criminel new-yorkais.
La tâche leur sera rendue encore plus difficile du
fait qu'ils ne savent pas tous la langue anglaise.
Mais si les policiers de Paris sont secondés dans
leurs recherches par un collègue de New-York,
l'opération se fera dans des conditions bien plus
favorables. L'inspecteur de New-York, lui, connaît
les « clients » de sa ville, et il pourra s'approcher
d'eux sans exciter leur méfiance, ce qui ne serait
sans doute guère possible à ses collègues parisiens.

Tout cela rend très désirable la création d'une
brigade mobile ou de voyage dans les grandes villes
comme New-York, brigade à laquelle incomberait
la tâche de suivre les malfaiteurs en fuite dans les
autres villes d'Amérique et à l'étranger. La nécessité d'une telle brigade est la conséquence directe
de la non-existence d'une police internationale.

II. — Les services de la comptabilité et des archives.

Les services de la comptabilité et des archives
exécutent les travaux de bureau. Ils comprennent :
a. La comptabilité. — *b*. Les archives ou les
dossiers. — *c*. La collection des photographies. —
d. Le bureau de rédaction. — *e*. Le service du
contrôle des étrangers et des habitants.

L'ensemble des services est dirigé par un chef de bureau qui a sous ses ordres un sous-chef pour chacune des quatre sections. Il n'est pas nécessaire de créer des brigadiers dans ce service. Le nombre des fonctionnaires employés dans chaque section correspond à son étendue. Chaque sous-chef choisira parmi ses collaborateurs un assistant qui pourra le remplacer en cas d'absence.

Le recrutement du personnel de ces services n'est pas soumis aux mêmes règles que celui du service de police judiciaire active. Le travail y est purement administratif, et le personnel peut, par conséquent, être recruté comme les employés de toute autre administration.

a. *La comptabilité.* — Le service de la comptabilité aura à s'occuper de la comptabilité et de la caisse de tout le ressort de la police criminelle.

Je connais très peu la comptabilité, et, par suite, je ne suis pas à même de proposer un système-type pour ce service. Je voudrais cependant faire quelques observations sur le mode de payement des dépenses faites par les fonctionnaires en service.

Il est inévitable que les agents au service de la Sûreté aient des dépenses au cours de leurs recherches, qui les obligent souvent d'entrer dans les cafés, restaurants, hôtels, etc. Ces dépenses, l'administration doit les leur rembourser. En effet,

on ne peut pas demander aux inspecteurs, qui ont
filé pendant toute une journée un malfaiteur, de
payer encore de leur poche leur nourriture. D'ailleurs nulle police, que je sache, n'exige cela de ses
agents.

Mais j'ai observé d'autre part que, sauf quelques
rares exceptions, les administrations sont d'une
économie exagérée en ce qui concerne ces débours.
Il est vrai qu'on reproche fréquemment aux inspecteurs de faire des dépenses trop considérables
lorsqu'ils sont forcés de passer toute une journée
à la recherche d'un individu, et certains d'entre
eux abusent peut-être en effet de la bonté d'une
administration trop coulante. Mais on peut, me
semble-t-il, éviter ces abus en fixant une somme
globale journalière suffisante pour l'entretien des
fonctionnaires en service commandé.

En fixant cette somme, il faut calculer non seulement les frais d'entretien strictement nécessaires,
mais aussi les nombreuses petites dépenses que le
policier doit faire dans les divers établissements
publics où le mènent ses courses pour observer
des individus suspects. Car, s'il ne veut pas être
reconnu comme policier, il doit prendre une con-
sommation comme les autres clients et la payer.
Or il est parfois forcé de visiter dans une journée
quatre, cinq, et même un plus grand nombre d'établissements. Les dépenses résultant de cette obli-

gation devront être fixées dans la somme globale journalière. S'il se voit dans la nécessité de faire des dépenses exceptionnelles (par exemple pour des auto-taxis pendant une filature difficile, etc.), elles lui seront remboursées sur indication exacte, ou bien il sera autorisé à payer par des bons qui seront échangés contre argent au service de la comptabilité. Les bons serviront de pièces de contrôle.

Si je propose une somme globale pour les dépenses journalières des agents en service, c'est aussi pour éviter les complications dans la comptabilité, complications inévitables, si l'on force les fonctionnaires à noter chaque petit débours. En outre, l'obligation d'inscrire les dépenses est non seulement gênante pour l'agent en service, mais même parfois nuisible à sa mission. En effet, s'il ne note pas immédiatement ses débours, il risque de les oublier, et il subit ainsi une perte. S'il les note tout de suite, cette opération peut attirer l'attention de celui qu'il surveille et lui faire manquer sa recherche. Ce mode de procéder peut aussi inciter l'un ou l'autre à majorer les dépenses en inscrivant des débours fictifs et non contrôlables.

On peut alléguer certaines raisons contre cette fixation d'une somme globale. On peut craindre par exemple que l'inspecteur, une fois la somme dépensée, ne cesse son service pour ne pas dépenser plus. Mais cet inconvénient est en grande partie écarté si les débours extraordinaires sont remboursés à part.

Enfin il est absolument nécessaire que les fonctionnaires de la police judiciaire puissent utiliser gratuitement les moyens publics de transport. En effet, l'expérience a démontré d'une façon péremptoire qu'il y a de très grands inconvénients à ce que les policiers ne puissent pas en user librement, La Suisse, en particulier, en sait quelque chose. Combien de fois n'est-il pas arrivé que des agents ont filé un « client » jusqu'à la gare, et que le criminel est monté dans un train juste au moment du départ. L'agent, lui, devait prendre son billet, et quand il arrivait sur le perron, le convoi était parti.

b. Les dossiers. — Les archives renferment les dossiers et la collection de photographies. Les dossiers contiennent tous les renseignements recueillis concernant les personnes qui ont eu affaire avec la Justice ou la Police. Ils sont classés alphabétiquement, par noms.

On fera bien d'y ajouter des notes sur les individus qui n'ont pas encore été mis en cause, mais dont les allures suspectes ont éveillé l'attention de la police (police préventive).

J'ai entendu dire que les lois en vigueur à New-

York interdisent la création de dossiers en vue de la police préventive. A mon avis, cette interdiction est très préjudiciable au bon fonctionnement de la police judiciaire et cela pour les causes suivantes :

1° Il n'est pas à craindre que des particuliers puissent être lésés par la publication de ces dossiers, car les archives de la police sont strictement fermées au public et ne peuvent être consultées que par les fonctionnaires attachés au service. Ceux-ci sont assermentés et soumis au secret professionnel.

2° Chaque praticien sait et le public lui-même n'ignore pas qu'un très grand nombre de véritables délinquants et criminels sont libérés par les tribunaux, non que les juges soient persuadés de l'innocence des inculpés, mais faute de preuves décisives. Quant au jury — s'il y a jury — il se laisse trop souvent aller à une fausse sentimentalité et prononce des acquittements scandaleux ; les crimes dits passionnels, par exemple, trouvent presque toujours grâce devant le jury de la Seine. Le jury est une institution très belle en théorie, mais très défectueuse en pratique, et il faut souvent s'attendre à des surprises de sa part.

3° Si les renseignements concernant des personnes condamnées ou suspectes, et qui sont la plupart du temps le fruit de longues recherches, sont détruits, la police perd un de ses meilleurs moyens d'action préventive.

Il ne faut pas confondre ces dossiers avec ceux qui sont formés parfois dans certaines administrations et même dans les bureaux de sociétés financières ou autres. Ces derniers ont trop souvent un caractère franchement inquisitorial, car ils concernent des personnes parfaitement honorables. Les dossiers de la police s'occupent uniquement d'individus condamnés ou suspects, et de moralité très douteuse.

Inutile d'ajouter que, la politique devant être absolument exclue de la police, les dossiers ne concerneront jamais des hommes politiques, même si ceux-ci sont des adversaires du gouvernement au pouvoir. La police est là pour la sauvegarde de tout le monde, sans distinction de partis. Elle ne doit agir que contre les gens qui violent les lois.

Les dossiers de police devront contenir : l'état-civil exact de l'individu visé, tous les rapports de police le concernant (exécutés à double : un pour le tribunal, un pour le dossier de police), son casier judiciaire — où l'on mentionnera, si possible, aussi ses condamnations à l'étranger — et tous autres renseignements pouvant intéresser la police.

A la préfecture de police de Paris, il existe une collection très utile, due au génie organisateur de Bertillon : celle des sommiers judiciaires. On y réunit tous les jugements rendus en France par les tribunaux de droit commun. Les condamnations sont transcrites sur des fiches individuelles qui sont classées alphabétiquement ou plutôt phonétiquement. C'est une sorte de casier judiciaire général de la France, qui est utilisé largement par les divers tribunaux et polices.

Il me semble que l'organisation d'un service comme celui-là, qui serait rattaché à celui des dossiers, est très désirable pour la police des capitales de tous pays.

c. La collection de photographies. — Cette collection contient les photographies signalétiques faites au service de l'identification (bertillonnages). Ces photographies sont collées sur des cartons dont le verso porte l'indication de l'état-civil et la catégorie (spécialité) de l'individu reproduit.

Il n'est pas absolument nécessaire de prendre pour cette collection la photographie de face et celle de profil, la photographie de face peut suffire à la rigueur. Toutefois il est préférable d'avoir les deux à sa disposition.

Je dis que la photographie de face peut à la rigueur suffire, parce que ces photographies sont destinées à être fréquemment montrées au public par les inspecteurs au cours de leurs recherches, et que l'expérience a démontré que le grand public reconnaît plus facilement les photographies prises de face que celles prises de profil.

Beaucoup de polices ont créé des albums ne contenant qu'une spécialité ou une catégorie de criminels (« Verbrecheralbums » des Allemands). Ainsi un album est réservé aux « tireurs » et « pick-pockets », un autre aux « carreurs » (voleurs de bijoutiers). Au besoin, ces albums sont soumis à l'examen des témoins. S'agit-il d'un vol dans un hôtel, par exemple, on montre l'album des « rats d'hôtel ». Le témoin est invité à retrouver parmi les photographies celle de l'individu recherché.

D'autres polices, par exemple celle de Dresde, n'utilisent plus les albums, mais collectionnent les photographies collées sur carton et les classent, dans des boîtes, suivant les spécialités.

Il est indéniable qu'on obtient parfois des résultats utiles auprès du public au moyen de ces albums ou collections. Il ne faut cependant pas se faire des illusions sur leur efficacité comme moyen d'identification par le public d'individus recherchés. D'abord l'identification par le public (profane en matière de reconnaissance) est déjà très fortement sujette à caution par elle-même. Ensuite, dans un grand service policier, le nombre des photographies augmente si rapidement, que les résultats qu'on peut attendre de « l'identification photographique par le public » deviennent de plus en plus problématiques. En effet, le public est troublé par la grande masse de portraits et n'est plus à même d'identifier l'individu qu'on veut lui faire reconnaître ou, ce qui est pire encore, se trompe et désigne un innocent comme auteur d'un délit ou d'un crime.

La grande utilité des collections de photographies ne réside donc pas dans leur usage comme moyen d'identification par le public, mais surtout dans l'aide que ces collections fournissent aux policiers pour leurs recherches. Ces derniers ne peuvent pas aller chercher la photographie d'un suspect au service d'identification, quand ils ont à exécuter une filature. Les photographies collées sur fiches anthropométriques ou dactyloscopiques de ce service doivent y rester en permanence. La collection du service des archives fournit la photographie de recherche.

Au contraire du public, les inspecteurs de police, par leur éducation professionnelle, connaissent le « portrait parlé » et sont ainsi à même d'exécuter convenablement une identification à l'aide de la photographie. Ils en feront voir fréquemment une collection choisie à un témoin pour voir s'il y reconnaît un individu donné. Le nombre de photographies étant restreint, l'attention du témoin n'est pas détournée, et l'identification est facilitée.

La collection de photographies sera établie en double, dont un sera classé alphabétiquement, et l'autre par spécialités ou catégories de malfaiteurs. Elle ne devrait manquer dans aucune police.

La collection sera à la disposition des fonctionnaires et inspecteurs chaque fois qu'ils en auront besoin pour leurs recherches. Il va sans dire que, aussitôt après usage, les photographies y rentreront. Un contrôle sérieux et minutieux de la sortie et de la rentrée des portraits garantira le bon fonctionnement de ce rouage de la police judiciaire.

La police entre parfois en possession de portraits d'individus qui l'intéressent et qui sont en vente. Parfois même elle en tient du service de police préventive, dont je parlerai encore. Ces photographies sont à classer avec les autres « bertillonnages » officiels. Les premières seront en général plus facilement identifiées par le public que les dernières.

La collection contiendra en outre les portraits d'individus suspects qui n'ont pas encore passé par le service d'identification, portraits que la police a pu se procurer d'une façon ou d'une autre (par exemple au cours d'une perquisition chez un criminel arrêté, et qui possédait les photographies de ses amis et complices).

Si, au service de l'identité judiciaire, on prend le portrait en pied à côté de ceux de face et de profil, comme on le pratique par exemple à Saint-Pétersbourg, il est utile de le joindre à la collection, car il rendra des services en cas de recherches auprès du public.

Encore un mot sur ce que j'appelle la photographie préventive. Elle consiste dans la prise, en rue, de portraits d'individus suspects. Elle sera exécutée, à l'aide d'appareils à main de petites dimensions et pratiques, par des fonctionnaires connaissant bien à la fois la photographie et le monde de la pègre de la ville. Il va sans dire qu'ils photographieront leurs « clients » de façon que ceux-ci ne s'en aperçoivent pas. Cela n'est pas difficile, pourvu que l'on soit un peu exercé dans ce genre de travail. D'anciens photographes-reporters, ayant passé à la police, seront ici tout à fait à leur place.

d. Le bureau de rédaction. — Tous les rapports des diverses brigades de la police judiciaire ou criminelle sont exécutés, ou plutôt dactylographiés en deux exemplaires dans le bureau de rédaction. Un exemplaire des rapports est transmis aux tribunaux, l'autre est placé dans les dossiers des archives.

Les rédacteurs de ce bureau (dactylographes et sténographes) rédigent les rapports d'après les sténogrammes qui leur sont livrés par les secrétaires du service des bureaux. Un des exemplaires des rapports, celui qui sera transmis aux tribunaux, est remis à l'auteur pour correction éventuelle et signature. Le second est corrigé d'après le premier. Au bureau de rédaction incombe aussi la dactylographie de toute la correspondance générale.

e. Le service du contrôle des étrangers et des habitants. — Dans les villes où existe un service de contrôle des étrangers et des habitants, il est souvent annexé aux services de la police d'ordre. Cependant sa place est aussi, et même surtout, dans la police criminelle, car c'est cette dernière qui s'en sert la plupart du temps pour ses recherches.

Aussi crois-je rationnel d'adjoindre ce contrôle à la police judiciaire comme sous-section du service des archives et de la comptabilité. Il aura à sa tête un chef de service secondé par deux sous-chefs, l'un spécialement chargé du contrôle des étrangers, l'autre de celui des habitants.

Le contrôle des étrangers recueillera tous les bulletins d'arrivée des hôtels et pensions, et les classera. Comme nous l'avons dit plus haut, ces bulletins devront parvenir aussi rapidement que possible à la police.

Dans les villes moyennes, on y arrivera en forçant les hôteliers à envoyer, jour et nuit, les bulletins d'arrivée à la Centrale policière au plus tard deux heures après l'arrivée du voyageur.

Dans les grandes villes, l'arrivée rapide des bulletins est plus difficile à obtenir. Cependant on y réussira en ordonnant la remise directe par l'hôtelier des bulletins dans tous les quartiers à proximité de la Centrale. Pour les quartiers excentriques, on permettra la remise au poste de police du quartier. Celui-ci fera immédiatement parvenir les bulletins à la Centrale par un agent cycliste ou motocycliste.

J'ai déjà insisté sur la nécessité de faire fonctionner ce service aussi pendant la nuit.

Le classement des bulletins se fera alphabétiquement ou phonétiquement, suivant la méthode Bertillon.

Un ou deux fonctionnaires du contrôle des étrangers sont spécialement chargés de dépouiller tous les jours les bulletins de recherche du pays et de l'étranger. Ils transcriront les noms et les états-civils des individus recherchés sur des fiches de même grandeur que les bulletins d'arrivée, mais ayant une autre couleur (par exemple : bulletin d'arrivée jaune, fiche de recherche rouge). Ces fiches seront ensuite classées avec les bulletins d'arrivée.

Si l'individu est dans un hôtel de la ville, on tombera automatiquement sur son bulletin d'arrivée ; s'il passe plus tard, en classant son bulletin d'arrivée on tombera sur sa fiche de recherche. Ce mode de contrôle, qui est utilisé par exemple à Marseille, est très pratique et donne les meilleurs résultats.

Je ne crois pas nécessaire d'établir des bulletins et des fiches différents suivant les sexes.

La quantité des bulletins et fiches augmentant

très rapidement, on aura soin de choisir un papier mince pour pouvoir en classer un très grand nombre.

Le contrôle des habitants contiendra des fiches portant l'état-civil, l'adresse et les changements d'adresse de tous les habitants logeant dans des maisons privées. Leur classement se fait alphabétiquement.

Chaque poste de quartier possède en outre un classement alphabétique des habitants de son district. C'est aussi ce poste qui recueille les déclarations des habitants concernant les changements d'adresse, naissances, arrivées de domestiques ou logeurs, etc., et les transmet au service central.

Le contrôle des habitants aura également à s'occuper des renseignements touchant les étrangers logeant à demeure dans la ville. Ce service sera organisé, avec succès, comme celui qui fonctionne à la Sûreté générale à Bruxelles.

L'activité des fonctionnaires du service de contrôle étant entièrement bureaucratique, on pourra les recruter de la même façon que ceux des autres services administratifs.

Les bureaux du contrôle des étrangers et des habitants seront à toute heure ouverts, et les fonctionnaires à la disposition de la police pour tout renseignement concernant leur service.

III. — **Les services techniques**.

Les services techniques comprennent l'identité judiciaire et le laboratoire technique de police. Ils seront dirigés par un chef dépendant directement de celui de la police criminelle. Ce chef doit être un technicien parfait. Il doit connaître toutes les méthodes techniques |modernes de l'enquête judiciaire et policière et savoir les employer et les exécuter. Il aura fait ses études de préférence dans un institut de police scientifique ou technique comme celui de l'Université de Lausanne. Il va sans dire qu'il sera aussi au courant du service pratique de la police judiciaire.

Ce chef est secondé par un premier sous-chef tout spécialement chargé de l'identité judiciaire, et d'un second placé à la tête du laboratoire de police. Ces deux sous-chefs seront naturellement aussi des techniciens accomplis.

a. L'identité judiciaire. — Des services d'identité judiciaire fonctionnent actuellement dans presque tous les pays cultivés, mais nous sommes encore loin de l'uniformité dans la méthode de travail.

Le système Bertillon a été introduit un peu partout vers la fin du siècle passé, et le service d'identité de la préfecture de Paris travaillait depuis environ quinze ans. Il ne contenait à ce moment que l'an-

thropométrie, la colorimétrie, la photographie
signalétique et les marques particulières. Aujour-
d'hui, le système Bertillon est remplacé, en beaucoup d'endroits, par la dactyloscopie pure.

La méthode dactyloscopique d'identification consiste, comme on le sait, dans la prise des dessins
papillaires (dactylogrammes) des dix doigts du
délinquant, dessins qui sont ensuite classés suivant
leur forme générale.

Je ne veux pas entrer dans les détails de la prise
des dactylogrammes. Les ouvrages spéciaux, l'excellent livre de Locard par exemple, fournissent à
ce sujet tous les renseignements nécessaires.

Il faut toutefois dire que la dactyloscopie n'est
pas exécutée de la même façon, partout où elle est
employée. Il faut également ajouter que la fiche
d'identité parisienne actuelle contient aussi les dix
empreintes digitales à côté des quatre méthodes
d'identification énoncées plus haut.

Je viens de dire que l'exécution et surtout le
classement des dactylogrammes sont très différents
suivant les pays. Ainsi, on classe en Angleterre,
en Allemagne, en Belgique, en Autriche et au
Bureau suisse de Police centrale à Berne suivant la
méthode anglaise de Henry, le très distingué chef
de la police londonienne. A Paris, Bertillon a créé
une méthode de classement à lui. A Lyon, on utilise la méhode argentine, dont l'inventeur est

Vucetich. Toutefois Locard a modifié légèrement cette méthode. En Amérique du Sud (Argentine, Brésil, Uruguay, etc.), c'est le classement Vucetich pur. A Rome, Gasti transforme un peu le classement sud-américain.

A Madrid, Oloriz a organisé la dactyloscopie espagnole en transformant légèrement, ainsi que Daae à Copenhague, la méthode de Vucetich. A Saïgon on classe encore d'une autre façon, etc.

On peut conclure de cette énumération qu'il y a presque autant de classements dactyloscopiques que d'États, voire même de villes ayant adopté la dactyloscopie comme moyen d'identification des récidivistes. Mais toutes ces méthodes de classement peuvent se réduire à trois, et même à deux méthodes fondamentales : d'un côté la méthode anglaise de Henry, de l'autre la sud-américaine ou française de Vucetich ou Bertillon, qui sont presque identiques.

Laquelle de ces deux méthodes fondamentales devra être utilisée?

Pour moi, il n'y a pas le moindre doute : ce sera celle de Vucetich ou Bertillon.

La méthode anglaise rend le classement passablement difficile par le fait qu'elle n'énumère pas les doigts dans l'ordre où ils se suivent sur la main, et qu'elle crée des fractions où elle met ensemble le pouce droit avec le médius droit, ensuite l'index

droit et l'annulaire droit, etc. Henry ne connaît que
deux formes principales de dessins papillaires : le
lacet et le tourbillon. Dans chacune des fractions,
le lacet est indiqué par le chiffre 0 ; le tourbillon
par 16 dans la première, 8 dans la seconde, 4 dans
la troisième, 2 dans la quatrième et 1 dans la cinquième fraction. Les chiffres sont ensuite addition-
nés et à chaque total on ajoute le chiffre 1. Finalement on renverse la fraction résultante.

L'ensemble de ces opérations est passablement
compliqué et, avec un peu d'inattention, une erreur
est vite faite. Un autre désavantage du système
Henry est de ne connaître que deux formes fondamentales de dessins, et qu'une de ces formes prend
des valeurs différentes suivant sa position dans la
formule dactyloscopique.

Si l'on ajoute que la méthode anglaise, même
dans les classements à nombre de fiches relativement petit, demande le dénombrement des lignes
des empreintes, ce qui exige de très bons yeux, et
qu'elle utilise des feuilles très peu pratiques et facilement déchirables à cause de leur grandeur, il
paraît tout naturel de lui préférer un classement
plus pratique.

Les méthodes de classement de Vucetich et Bertillon (créées d'une façon tout à fait indépendante
l'une de l'autre), qui ne varient entre elles que par
la désignation différente des formes des dessins,

composent leurs formules dactyloscopiques en enregistrant les formes des dessins papillaires suivant l'ordre des doigts. La formule de la main droite forme le numérateur, celle de la main gauche le dénominateur de la fraction. Les deux méthodes permettent un classement rapide et rationnel de toutes sortes de fiches contenant la formule dactyloscopique.

Examinons maintenant brièvement si l'on doit se servir du système anthropométrique, c'est-à-dire de la « fiche parisienne », ou de la dactyloscopie pure pour les services d'identité judiciaire.

En ce qui concerne le classement, il me semble rationnel aujourd'hui, si l'on commence un service d'identification, de classer dactyloscopiquement. En effet, le classement anthropométrique ne dispense pas du classement dactyloscopique. Ce dernier est nécessaire pour identifier les individus dont on n'a que la formule dactyloscopique (fiches étrangères dactyloscopiques), pour classer les fiches des femmes et des mineurs, et pour faire les recherches avec des empreintes relevées sur les lieux des crimes et des délits. Les services existant depuis longtemps, et qui n'ont qu'un classement anthropométrique, sont forcés actuellement de le doubler du classement dactyloscopique.

Mais si je recommande le classement dactyloscopique, je demande, par contre, que les fiches d'identité contiennent toutes les méthodes connues d'identification. Ceci est la condamnation de tous les services d'identification judiciaire qui n'utilisent que les empreintes digitales comme moyen de reconnaissance, par exemple ceux de l'Amérique du Sud, de l'Angleterre, etc.

Pour justifier cette exigence, énumérons d'abord les griefs mis en avant par les dactyloscopistes purs contre le système parisien, c'est-à-dire contre celui de Bertillon.

Ils disent que l'anthropométrie, qui sert pour le classement dans le système Bertillon, doit être exécutée par des employés très exercés, car si les mesures ne sont pas prises partout d'une façon parfaite et uniforme, la méthode de classement perd toute valeur. L'anthropométrie ne peut pas être appliquée aux mineurs et aux femmes. Chez les premiers les mesures ne sont pas encore définitives, chez les secondes une mensuration exacte n'est pas possible.

Les dactyloscopistes prétendent en outre que le matériel pour exécuter l'anthropométrie coûte trop cher, et enfin ils déclarent n'avoir pas besoin de l'anthropométrie compliquée et chère, car la dactyloscopie est un moyen d'identification tellement sûr que les erreurs sont pour ainsi dire exclues; enfin elle peut être exécutée sans difficulté par le premier venu, un gendarme par exemple.

Ainsi parlent les partisans de la dactyloscopie pure et adversaires de l'anthropométrie. Que peut-on répondre à leurs griefs ?

1° Je dois dire d'abord que la fiche anthropométrique moderne, à laquelle je donnerai plutôt le nom de « fiche parisienne », contient, en plus des mesures anthropométriques, la photographie signalétique, la colorimétrie, la dactyloscopie et les marques particulières. Donc tous les moyens pratiques d'identification !

La fiche purement dactyloscopique ne peut servir qu'à l'identification des individus déjà capturés par la police. En effet, il est malaisé de courir dans la rue après tout homme suspect pour le prier de bien vouloir laisser examiner les dessins papillaires de ses doigts.

La fiche parisienne, par contre, peut être utilisée et pour l'identification des arrêtés et pour l'établissement du signalement d'une personne en fuite, car elle porte la photographie de cette dernière et ses marques particulières.

Les dactyloscopistes ont fini par s'apercevoir de ce défaut de leur méthode et ont ajouté la photographie aux empreintes. Mais ils perdent ainsi un de leurs meilleurs arguments contre la fiche française, à savoir que la dactyloscopie est bien meilleur marché que la fiche anthropométrique. Car c'est en effet précisément la photographie qui renchérit la fiche parisienne. Les quelques instruments nécessaires pour la prise des mesures augmentent un peu le prix d'établissement du service d'identité, mais une fois acquis ils n'occasionnent plus de frais.

2° Il est parfaitement vrai que ni les fiches de mineurs ni celles de femmes ne peuvent être classées anthropométriquement. Mais la fiche parisienne contient également les dix empreintes digitales. Elle peut donc être classée dactyloscopiquement.

3° Comme nous l'avons dit, la fiche parisienne réunit toutes les méthodes pratiques d'identification.

La présence de toutes ces méthodes sur la fiche est indispensable, car l'identification judiciaire d'un individu est un acte si grave — il y va toujours pour le moins de son honneur — qu'on ne peut apporter assez de soins à son exécution.

Il est vrai qu'au moyen d'une méthode d'identification de la valeur de la dactyloscopie on pourra affirmer avec sûreté que la reconnaissance de l'individu est définitive dans *la plupart* des cas. Mais si cette méthode est corroborée par quatre autres, l'identification devient définitive dans *tous* les cas, et il n'est plus possible de se tromper.

La police doit chercher par tous les moyens à éviter des erreurs d'identification. Elle se doit cela à elle-même et à ceux qui la payent. En utilisant toutes les méthodes d'identification, comme c'est

le cas en France et en Suisse, elle ne fait que remplir son devoir. La très légère augmentation du
prix du fonctionnement du service et les quelques
minutes de plus que demande l'établissement des
fiches complètes, ne peuvent entrer en ligne de
compte dans une question aussi grave que la sauvegarde de la liberté individuelle.

4° Un des grands arguments des dactyloscopistes
contre la fiche parisienne est, comme je l'ai dit,
que l'établissement de cette dernière demande un
personnel très exercé. Je ne contredirai nullement
cette assertion. Elle est parfaitement juste. Comme
tout métier, celui d'anthropomètre exige des hommes
exercés et consciencieux. Mais on en peut dire autant du service dactyloscopique, comme celui de
Londres par exemple.

L'établissement d'une formule dactyloscopique
et le classement des fiches ne sont pas toujours
faciles, surtout quand on opère d'après le système anglais, et les fonctionnaires-dactyloscopistes
devront travailler aussi soigneusement que les
anthropomètres.

Les dactyloscopistes prétendent que chacun peut
faire apposer des empreintes digitales utilisables
pour une identification sûre. Cette assertion n'est
pas exacte. Mon expérience m'a montré que, même
des fonctionnaires de police au courant de la méthode dactyloscopique, obtiennent parfois des em-

preintes tellement défectueuses, qu'une identification absolument certaine est à peu près exclue. Seuls des dactyloscopistes exercés peuvent couramment prendre des empreintes vraiment bonnes.

5° Il faut ajouter qu'il n'est pas possible d'obtenir avec tous les doigts des empreintes immédiatement utilisables pour l'identification définitive. Dans certains métiers, la surface de la peau des doigts est tellement attaquée qu'ils ne peuvent produire des empreintes nettes.

Ces corrosions de la peau s'observent chez certains ouvriers qui manipulent des métaux chauds, chez les tailleurs, les bûcherons, etc.

Au dire des dactyloscopistes, on n'a qu'à attendre, dans ces cas-là, que la peau se soit reformée suffisamment pour qu'une prise de bonne empreinte devienne possible. Il est parfaitement vrai que la peau repousse au bout de quelques jours. Mais, pendant ces quelques jours, l'individu ne peut pas être identifié définitivement, et tout praticien sait qu'une identification aussi rapide que possible constitue, la plupart du temps, la garantie principale de la réussite d'une recherche. D'ailleurs, on sait que certains délinquants professionnels, connaissant la valeur des empreintes digitales pour la police, se mutilent passagèrement ou définitivement les crêtes papillaires.

6° Enfin il est vrai que l'anthropométrie, si elle

n'est pas bien exécutée, peut amener un faux classement des fiches, mais ce reproche ne peut s'adresser qu'aux mesures anthropométriques ; or la fiche parisienne ou anthropométrique, comme il a été dit à plusieurs reprises, peut être classée dactyloscopiquement. Qu'on la classe donc dactyloscopiquement !

Les mesures anthropométriques de la fiche parisienne ne sont plus aujourd'hui le moyen principal de l'identification. Elles se rangent sur le même pied que les autres moyens d'identification se trouvant sur la fiche. On peut même dire que la plupart des services, qui utilisent ce genre de fiches, ne s'en servent qu'en second lieu, pour établir définitivement l'identité d'un individu.

Pour résumer encore une fois toute la question je dirai qu'il est nécessaire, dans l'intérêt même de la police, d'utiliser toutes les méthodes pratiques d'identification. Nous en avons cinq. Donc utilisons les cinq, comme le permet la fiche parisienne.

En ce qui concerne le classement, j'adhère volontiers au classement dactyloscopique. Je demande qu'à titre subsidiaire on classe dactyloscopiquement partout où jusqu'ici on s'est contenté de classer anthropométriquement. Les empreintes laissées sur les lieux par les malfaiteurs acquièrent aujourd'hui une telle importance dans l'enquête judiciaire que le classement dactyloscopique s'impose, puisque, sans lui, on ne pourrait les utiliser rationnellement.

Quant à la question de savoir s'il faut employer le classement dactyloscopique de Bertillon ou celui de Vucetich, je recommanderai ce dernier pour la raison qu'il est déjà aujourd'hui beaucoup plus utilisé que le premier.

On adjoindra avec succès au service d'identification une collection d'écritures provenant de récidivistes. Le classement d'une collection de ce genre n'est pas très simple. La méthode de classement graphique de Schneickert, qui est déjà en usage par exemple à Berlin et à Vienne, n'est pas à l'abri de la critique. Mais c'est la seule utilisable que nous possédions aujourd'hui, et il faut s'en contenter tant que l'on n'en trouve pas une autre plus maniable et plus exacte.

Il incombera aussi au service d'identification (service de l'identité judiciaire) d'exécuter les photographies préventives dont j'ai parlé. Dans ce travail, il sera naturellement secondé par les brigades intéressées.

En outre, il sera créé au service de l'identité judiciaire des collections pouvant servir à certaines identifications spéciales. Ainsi ce service devra rechercher et collectionner les vêtements professionnels qui sont portés dans la contrée ou le pays où il fonctionne. Il est également très important de faire des collections des ferrages de souliers et des clous qui sont utilisés pour cela. Ces collections serviront surtout au laboratoire de police. Cependant il est préférable que ce soit le service d'identification qui les organise, parce que les fonctionnaires dont il se compose sont en contact journalier avec des hommes des conditions les plus diverses.

Enfin une section spéciale du service de l'identité judiciaire servira de section-école pour enseigner le signalement (portrait parlé) à tous les inspecteurs (agents) de la police criminelle, lesquels' devront passer par cette école à leur entrée à la police. Cette école sera organisée comme celle qui fonctionne actuellement au service de l'identité judiciaire de la préfecture de Paris.

b. Le laboratoire de police (service technique). — Le laboratoire de police a pour tâche de rechercher sur les lieux des crimes et des délits ou ailleurs (perquisitions, visites domiciliaires, examen des pièces arguées de faux, etc.) les traces matérielles de toute nature qui peuvent servir à la démonstration de la culpabilité ou de l'innocence des individus inculpés ou simplement suspects. En d'autres termes, le laboratoire de police (service technique) devra chercher la carte de visite des auteurs de crimes et de délits, carte de visite qui existe toujours, mais qui est aujourd'hui encore trop souvent détruite par la police même. Cette recherche n'est pas toujours facile, loin de là. C'est pourquoi on devra organiser avec le plus grand soin ce service auxiliaire de la police.

Les recherches exclusivement médicales, de même que les longues analyses purement chimiques, ne seront pas faites par le service technique de la police. Les premières incombent aux médecins légistes, les secondes aux chimistes spécialistes.

Cependant l'activité du service technique de la police touchera fréquemment de bien près à la médecine légale et à la chimie. Fort souvent une collaboration intime des techniciens de la police, surtout avec les médecins légistes, sera donc nécessaire [1]. Les exemples suivants illustreront ma pensée :

On découvre un cadavre dans une petite rivière bordée d'un talus très rapide. Le médecin ne trouve aucune trace pouvant indiquer qu'on est en présence d'un homicide. Son diagnostic sera : mort par submersion.

Ce diagnostic ne fait pas avancer d'un pas l'en-

---

1. Au Brésil, à Rio de Janeiro et à São Paulo, existent des services permanents de médecine légale à la police. A São Paulo, où fonctionne un service technique créé par l'auteur de ce petit livre, la collaboration des deux services auxiliaires de la police en est très facilitée.

quête, car le juge d'instruction et la police pourront le plus souvent se rendre compte eux-mêmes et sans le concours du médecin de la cause directe de la mort. Mais ils auront à trancher dans ce cas la triple question angoissante : accident, suicide ou homicide ? Le rapport du médecin n'a nullement résolu cette question.

C'est alors au technicien d'intervenir et de chercher la solution. Il recherchera à cet effet les traces éventuelles d'une lutte autour de l'endroit où a été trouvé le cadavre, il relèvera les traces de pas d'une seconde personne s'il y en a, en général tous les indices matériels qui peuvent contribuer à éclaircir l'affaire. Il va sans dire qu'il sera secondé dans son travail par les recherches d'ordre moral exécutées par les inspecteurs de la police judiciaire.

Des cas semblables ne peuvent être élucidés que par la collaboration intime des trois spécialités : médecine légale, service technique et service pratique de la police criminelle.

Autre cas : on trouve un cadavre couvert de blessures. Le médecin légiste cherchera surtout à établir la cause directe de la mort. Il va sans dire que la détermination de cette cause est, le plus souvent, très importante pour l'enquête. Cependant ce n'est pas tout, il faut encore et surtout trouver le meurtrier.

Pour cela il importe entre autres à l'instruction

de connaître la nature de l'instrument qui a provoqué les blessures, et de savoir comment cet instrument a été manié. Ces constatations ne sont pas toujours de la compétence du médecin qui a été appelé à fonctionner comme médecin légiste, loin de là. Il y a naturellement des médecins légistes très forts, doublés fréquemment de véritables policiers, qui trancheront ces questions d'une façon parfaite. Mais il en est d'autres qui n'ont pas l'expérience nécessaire pour les résoudre. Le policier technicien aura, par sa préparation spéciale, appris à rechercher ce que veut savoir l'instruction dans ces cas. Sa collaboration avec le médecin légiste sera donc absolument nécessaire.

Dans le cas ici supposé, il s'agira aussi d'examiner d'une façon minutieuse l'emplacement où gît le cadavre et ses environs. On aura également à rechercher sur les habits du mort des empreintes digitales éventuelles, des matières étrangères, etc. La plupart du temps le médecin ne se chargera pas de ces recherches. C'est donc encore au technicien spécialiste qu'incombera ce travail.

Enfin, il est de la plus haute importance que la position du cadavre soit fixée d'une façon définitive dès le commencement de l'enquête. Cette fixation est obtenue par la photographie, qui sera encore exécutée par le service technique et ses experts spécialistes.

J'ajouterai que bien fréquemment les médecins légistes, à moins d'être vraiment des spécialistes, n'aiment pas beaucoup à s'occuper de l'enquête de police. Chaque fois que le magistrat enquêteur, qu'il soit d'ordre judiciaire ou policier, leur pose une question en dehors des constatations purement médicales, ils répondent : « Nous sommes médecins et non pas policiers. En dehors de la partie purement médicale, l'affaire ne nous regarde pas. »

Cependant il est bien souvent nécessaire pour la réussite de l'enquête que le médecin continue à collaborer avec la police, même si les questions purement médicales sont déjà tranchées. Le vrai médecin légiste doit être policier presque au même degré que médecin. C'est ce qu'ont compris des maîtres comme Lacassagne, Minovici, Ottolenghi, Stockis, etc., et, en dehors de ces spécialistes, le médecin légiste parisien Balthazard, auquel nous devons ici une mention particulière. L'opinion de celui-ci est que le médecin légiste doit être spécialiste, et devra être aussi en quelque sorte policier. Or cela n'est possible que si le médecin connaît la pratique policière et, surtout, les procédés techniques modernes de l'enquête judiciaire.

Ce qui précède montre à l'évidence qu'une collaboration intime du médecin légiste et du laboratoire technique est presque dans tous les cas absolument indispensable. D'ailleurs il est malaisé de déterminer avec précision les frontières de l'action des deux sortes d'auxiliaires de la Justice et de la Police. Cela dépend de chaque cas.

Le service technique aura aussi à s'occuper de petites recherches chimiques. Inutile d'insister sur le fait qu'il n'est nullement rationnel de faire exécuter les analyses d'encre des faux, ou autres analyses qui ne constituent, la plupart du temps, qu'une petite partie de l'expertise, par des chimistes spécialistes. Ces analyses, fort simples, seront faites par le technicien du laboratoire, auquel l'examen des pièces a été confié.

En cas de faux monnayage, d'attentats à l'aide d'explosifs, etc., il est très important que l'enquête soit informée aussi rapidement que possible de la nature du matériel employé. Ces analyses rapides et relativement simples sont aussi du ressort du laboratoire technique de la police.

En revanche, toutes les grandes recherches purement chimiques, par exemple en cas d'empoisonnement, seront transmises aux chimistes spécialistes. Car ces analyses demandent une compétence que le technicien policier ne peut posséder, à moins d'avoir fait des études spéciales de chimie. En outre elles exigent un temps qu'on ne saurait demander au laboratoire de police, où arrivent tous les jours de nouveaux travaux.

Je viens d'énumérer déjà un certain nombre

d'attributions du laboratoire technique de la police. J'ajoute tout de suite que son activité sera très variée.

En effet, il ne suffit pas que le service technique livre de bonnes photographies prises sur les lieux. Il aura aussi à rechercher les traces matérielles de toute nature comme : empreintes digitales ou palmaires, traces de pas, traces de dents et d'ongles, traces de sang et de sperme, cheveux, etc. En outre il procédera à l'examen des vêtements, matières fécales, matières explosives, instruments d'effraction, etc. Il expertisera les faux de toute nature à l'exclusion des falsifications des denrées alimentaires qui ne le regardent pas, et qui sont du ressort de la police d'hygiène.

Ces expertises ont presque toujours pour but de découvrir directement ou indirectement les auteurs de crimes et de délits. Le laboratoire aura donc fréquemment besoin des renseignements du service actif de la police judiciaire. Il devra, par conséquent, être en contact étroit avec toutes les autres branches de la police criminelle ainsi qu'avec le parquet et les juges d'instruction.

Le service technique du laboratoire sera tenu au courant de l'enquête purement policière et de l'enquête judiciaire dans toutes les affaires criminelles importantes. Souvent il aura à proposer aux deux parties des mesures utiles. L'expert technique moderne constitue le pont entre la police et le magistrat judiciaire enquêteur.

Il incombe aussi aux techniciens du laboratoire de police de rechercher les causes des incendies. Pour cela le service technique se mettra en rapport avec le commandant des pompiers.

L'expérience a montré qu'une grande partie des sinistres, qu'on classe aujourd'hui parmi les « incendies accidentels », sont en réalité imputables à la malveillance. On n'en reconnaît pas la nature véritable parce que les pompiers ont détruit tout ce qui pouvait servir à la constater. Cela se comprend. La tâche des pompiers est avant tout d'éteindre l'incendie et, éventuellement, de protéger les maisons voisines. Ils ne s'occupent pas et ne peuvent pas s'occuper, du moins pendant l'incendie, de savoir comment le feu a pris.

Cependant, dans la plupart des cas, et en prenant dès le commencement de l'action les précautions nécessaires, on trouvera la preuve matérielle de la nature criminelle du sinistre. On peut en tout cas constater des faits qui sont ensuite fort utiles pour éclaircir les causes du feu. Pour cela, il faut des techniciens qui n'aient pas à éteindre l'incendie, mais dont la mission unique soit d'en rechercher les causes. Cette mission incombe entièrement au service technique.

A Lausanne, par exemple, il est entendu qu'en

cas de sinistre le service technique est alarmé en même temps que les pompiers et qu'un technicien du laboratoire se rend immédiatement sur les lieux pour la recherche des causes de l'incendie.

En ce qui concerne l'installation matérielle du laboratoire, je me contenterai de dire qu'il doit posséder tous les appareils photographiques et autres qui sont nécessaires pour l'exécution des expertises et travaux énumérés plus haut. J'ajouterai que, pour la prise des photographies sur les lieux, on utilisera de préférence les appareils métriques de Bertillon ou d'Eichberg. Il va sans dire que le laboratoire possèdera de bons microscopes et appareils microphotographiques. Une petite installation galvanoplastique servira pour l'expertise des traces d'outil. Une petite installation chimique permettra d'exécuter des analyses qualitatives rapides.

Comme il a été dit déjà, le laboratoire, soit le service technique (j'emploie volontiers ce terme pour spécifier l'activité du laboratoire), sera dirigé par un spécialiste formé dans un Institut de Police scientifique ou technique tel que celui de l'Université de Lausanne. De plus il est à souhaiter qu'il ait fait auparavant un stage dans les principales brigades de la police criminelle pour se familiariser avec le service pratique de la police. Cela me semble même nécessaire, car l'expérience m'a appris qu'on ne peut pas être bon technicien si l'on ne connaît pas la pratique policière.

Suivant l'importance du service, le chef sera secondé par un ou deux sous-chefs qui auront eu la même préparation professionnelle que lui. Le chef, éventuellement les sous-chefs, défendront les expertises du laboratoire devant les tribunaux.

Les autres employés du laboratoire de police peuvent être recrutés parmi les photographes, les photochimigraphes et les imprimeurs. Toutefois on aura souvent avantage à choisir des personnes qui n'aient pas appris un métier spécial, et qui soient « dressées » pour le service par le chef personnellement. De tels hommes sont fréquemment plus utiles que ceux qui ont déjà appris un métier. Dans bien des cas, ces derniers apportent à leur nouvelle occupation les habitudes acquises dans leur ancien état. Cela n'est pas toujours profitable au bon fonctionnement du service très spécial du laboratoire de police. J'ajouterai qu'on trouve facilement dans les milieux policiers mêmes des hommes très intelligents et fort capables de devenir d'excellents techniciens.

Il va sans dire que le service technique du laboratoire de police sera requis, dès le commencement, chaque fois que son activité pourra être d'une utilité quelconque.

Le laboratoire de police servira également d'école

en ce sens que les cadres de la police judiciaire y feront un stage d'une durée plus ou moins longue pour se familiariser avec les moyens techniques de l'enquête policière moderne.

Ce stage sera rendu profitable aux fonctionnaires par des cours donnés par le chef et les sous-chefs du laboratoire. En outre, les stagiaires assisteront et collaboreront aux travaux exécutés journellement au laboratoire. Au cours du stage, ils s'initieront aussi au service de l'identité judiciaire (anthropométrie, dactyloscopie, portrait parlé [répétition], relevé des marques particulières, etc.).

Le stage doit être fait avant la promotion au grade de brigadier, et nul fonctionnaire ne devrait y être promu avant de l'avoir fait avec succès. Un petit examen final montrera si le stagiaire a profité de l'enseignement ou non.

Le temps passé au laboratoire technique ne sera pas inférieur à trois mois. Le stage ne sera naturellement pas demandé aux fonctionnaires en possession du diplôme de fin d'études délivré par un laboratoire de police scientifique universitaire dirigé suivant les exigences modernes.

Les stagiaires consacreront tout leur temps, en dehors des heures de cours, au travail pratique du laboratoire, de sorte qu'ils puissent suivre du commencement à la fin toutes les recherches qui y seront exécutées. Les chefs ne perdront pas de vue que l'instruction des stagiaires ne doit pas viser à en faire des experts accomplis, mais à leur apprendre comment et quand il faut avoir recours au service technique et, surtout, de leur inculquer le respect des traces matérielles éventuelles.

A New-York, le laboratoire technique de la police pourra comme celui de Lausanne fonctionner en même temps comme laboratoire universitaire, si l'Université « Columbia » fonde un Institut de police scientifique. Les étudiants en cette spécialité travailleront alors comme collaborateurs des chefs du laboratoire de police.

Il va sans dire que ces derniers occuperont dans ce cas la ou les chaires officielles universitaires des branches de la police scientifique ou technique. La physique, la chimie, l'anatomie, etc. seront enseignées par les professeurs de l'Université. En ce qui concerne la position des étudiants spécialistes vis-à-vis de la police et des tribunaux, ils seront considérés comme les employés du laboratoire et accompagneront les chefs sur les lieux.

Quant au plan d'études de l'enseignement universitaire je me réfère à mon exposé « Ueber Kriminalitaet und wissenschaftlich-technische Polizeikunde » dans le tome XXVI de la *Oesterreichische Rundschau*. J'y dis :

« L'Université de Lausanne a été la première à organiser des études spéciales pour la police scientifique (il serait peut-être préférable d'utiliser le terme : police technique). Deux sortes d'étudiants s'intéressent à cette nouvelle matière d'enseignement : les futurs magistrats judiciaires et avocats et les spécialistes qui se destinent à la carrière policière ou à l'expertise légale. Les premiers se contentent de suivre le cours de police scientifique et les travaux pratiques de deux heures, qui ont lieu une fois par semaine, et dans lesquels ils apprennent à connaître pratiquement les opérations matérielles les plus importantes à exécuter sur les lieux et, en général, au cours d'une enquête judiciaire.

« Les spécialistes ont trois ans d'études comprenant les matières d'enseignement suivantes : droit pénal (deux semestres), procédure pénale (deux semestres), anatomie avec exercices sur le cadavre (deux semestres), médecine légale (deux semestres), chimie organique et inorganique (deux semestres), laboratoire de chimie (trois semestres, deux après-midi par semaine), toxicologie (un semestre), physique expérimentale (deux semestres), laboratoire de physique (deux semestres), police scientifique (deux semestres), photographie théorique (deux semestres), exercices pratiques d'expertises judiciaires et policières et exercices de photographie judiciaire pendant toute la durée des études.

« Les études se terminent par un examen divisé

en une partie théorique et une partie pratique. L'examen théorique comprend : le droit pénal, la procédure pénale, l'anatomie, la médecine légale, la chimie, la physique et la police scientifique.

« L'examen pratique consiste en une analyse chimique qualitative analogue à celles qui se présentent dans la pratique judiciaire et policière, deux expertises (faux, identification par empreintes digitales, traces de pas, etc.) et un constat sur les lieux avec photographies et rapport. Pour les travaux pratiques, le candidat a six semaines à sa disposition. L'examen théorique peut être passé après le sixième semestre d'études. »

On trouvera tous les renseignements concernant l'organisation des études universitaires de la police scientifique dans le règlement de l'Institut de l'Université de Lausanne.

Les spécialistes sortis de l'Université formeront les chefs de la police technique : du laboratoire de police et du service de l'identité judiciaire. Ils pourront également embrasser, avec succès, la carrière de la police criminelle. Dans ce cas, cela va sans dire, ils feront des stages dans les diverses brigades de la police judiciaire. Il serait même désirable qu'ils aient passé quelques mois dans la police d'ordre (en uniforme) et chez les pompiers.

Les études universitaires fourniront aussi les experts des tribunaux, qui ne sont pas directement.

en contact avec la police. En effet, pour ces derniers une éducation professionnelle spéciale, dans le genre de celle que j'ai décrite, est aujourd'hui absolument nécessaire.

Les instituts de police scientifique ou technique sont également d'une grande utilité pour les études des futurs juristes, qu'ils soient plus tard magistrats judiciaires ou avocats.

J'ajouterai finalement que les étudiants spécialistes seront soumis au secret professionnel en ce qui concerne les travaux pratiques du laboratoire de police. A Lausanne ils sont obligés en outre, vu la nature de leurs études, d'apporter des lettres de créance des autorités de leurs pays respectifs avant leur admission aux travaux pratiques.

IV. — **Le service des bureaux**.

Le service des bureaux est formé, comme nous l'avons déjà dit, du secrétariat et du service des télégraphes et téléphones.

Les secrétaires seront adjoints, suivant les besoins, aux diverses brigades de la police criminelle. Ils auront à sténographier, sous dictée, les rapports des inspecteurs de la police judiciaire. Les sténogrammes seront ensuite transmis au bureau de rédaction où ils seront mis au net (voir « bureau de rédaction »). Les secrétaires seront sous les ordres d'un chef de bureau qui leur distribuera journellement le travail. Ils auront aussi à exécuter les petits travaux de bureau des différentes brigades : écrire des lettres (non pas celles du service général, qui sont écrites au bureau de rédaction), emballer des objets, etc. Le chef de service doit rester en contact étroit avec le bureau de rédaction, tout en conservant une entière indépendance.

Le service des télégraphes et téléphones, dirigé par un chef spécial, peut être organisé comme celui qui fonctionne à Scotland Yard à Londres. Il devra être aussi étendu que possible pour permettre une mise en rapport rapide avec toutes les parties de la ville. Un bon service télégraphique et téléphonique est de la plus haute importance pour le fonctionnement rationnel d'une police. Cependant ce service est fréquemment fort négligé, tout spécialement à Paris [1].

---

1. Le meilleur service télégraphique et téléphonique policier que j'aie vu est celui de São Paulo au Brésil. Il est installé sur le modèle des services d'avertissement des pompiers de New-York. C'est la première installation policière dans ce genre, et il fonctionne avec une régularité et une rapidité étonnantes. Il est combiné avec un service d'assistance policière par automobiles qui donne les meilleurs résultats.

OBSERVATIONS GÉNÉRALES
SUR LE RECRUTEMENT
DES FONCTIONNAIRES SUBALTERNES
DE LA POLICE CRIMINELLE, ETC.

Le recrutement judicieux des fonctionnaires subalternes est de la plus haute importance pour la bonne marche du service de la police judiciaire. Tout le monde sait que, dans les pays qui possèdent une armée permanente et le service militaire obligatoire, les inspecteurs de la police de sûreté (les « détectives » en langage anglais) sont recrutés parmi les anciens sous-officiers. Ces soldats ont droit, d'après les lois en vigueur dans ces pays, à un emploi civil une fois leur service accompli. L'administration considère la police comme un moyen très commode de les caser. Dans certains états toutes les places de la police sont réservées aux anciens soldats.

On prétend que les éléments sortis du militaire sont très disciplinés, et que leur honnêteté, par suite de la longue habitude du régime militaire, est en quelque sorte garantie.

Je ne veux nullement nier la valeur de ces deux facteurs, qui sont réels, mais je ferai remarquer qu'on trouve aussi des hommes très disciplinés et fort honnêtes en dehors des vieux sous-officiers. Je dois aussi dire que l'honnêteté de quelques-uns de ces anciens soldats n'est qu'une habitude purement extérieure, qui ne résiste pas à la première tentation un peu forte.

Mais ce n'est pas tout d'être discipliné et honnête ; il faut encore autre chose pour être un bon inspecteur de la police de sûreté. Un sentiment trop intense de la discipline est même parfois un signe de manque d'intelligence, et c'est un grand tort pour un fonctionnaire de la police criminelle que d'être borné.

D'autre part, la préparation exclusivement militaire a des inconvénients sérieux. Ainsi un ancien sous-officier garde habituellement ses allures militaires pendant toute sa vie, et n'arrive jamais à s'accommoder aux divers milieux, comme doit pouvoir le faire un détective.

La plupart des policiers subalternes allemands que j'ai pu observer dans l'exercice de leurs fonctions sont d'anciens sous-officiers, et sont immédiatement reconnus comme tels par la pègre. En France, où les emplois subalternes de la police sont également presque exclusivement réservés aux anciens militaires, l'inconvénient est moindre, parce que le Français n'a pas la raideur du grenadier prussien. Mais, quoique plus souple, il garde le plus souvent quelque chose de l'ancien « sous-off ». En général, l'inspecteur de la sûreté a aussi cet extérieur typique, qui le fait reconnaître par le public et surtout par la pègre, comme appartenant à la police. J'ai connu des fonctionnaires qui avaient su oublier la « coupe militaire », mais ces gens sont relativement rares.

J'ai déjà dit que l'inspecteur de la sûreté doit être partout à son aise et savoir s'adapter à tous les milieux. Il saura changer d'extérieur suivant les besoins sans avoir recours à des moyens artificiels (perruque, fausse barbe, etc.). Le port d'une perruque ou d'une fausse barbe est un artifice de théâtre dangereux. Ces postiches tombent facilement si l'agent fait un mouvement brusque ou s'il est entraîné dans une bagarre. Or si la perruque ou la barbe tombent, le succès d'une recherche est, la plupart du temps, compromis.

Un exemple montrera le danger de ce maquillage : un inspecteur veut filer un « client » qui ne se doute pas que la police le surveille. Pour pouvoir observer son « poise » chez lui, c'est-à-dire dans les bouges, l'agent se « camoufle ». Au bouge, dans une rixe ou simplement parce que quelqu'un heurte la tête de notre policier, la perruque tombe. Immédiatement, tous, le filé y compris, sauront la qualité de l'homme qui se trouve parmi eux. Le criminel visé comprendra aussi que c'est en son honneur que l'inspecteur se trouve là. La recherche discrète sera devenue impossible.

Les milieux où les recherches mènent le fonctionnaire de la police judiciaire sont très divers. Ils commencent aux bals les plus mondains pour finir dans les fumeries d'opium ou les bouges les plus bas. L'art du policier est de trouver partout le ton qui convient au milieu qu'il est forcé de fréquenter.

On ne trouve pas chez tous les hommes cette faculté d'adaptation, surtout quand ils commencent leur carrière policière à un âge déjà un peu mûr, comme c'est fréquemment le cas pour les anciens soldats.

L'inspecteur de la police criminelle doit entrer jeune dans le métier, très jeune même. Personnellement, je n'hésiterais pas à embaucher des jeunes gens de dix-neuf ou vingt ans, s'ils sont capables et possèdent la maturité d'esprit nécessaire.

Je fixerais la limite d'âge d'admission à vingt-six ans. Un homme plus âgé ne possède généralement plus la souplesse nécessaire pour pouvoir s'adapter entièrement aux exigences de la police de sûreté.

Je crois indispensable aussi que les jeunes policiers soient célibataires au commencement de leur carrière. Les hommes mariés, ayant le souci de leur famille, ne peuvent pas se vouer aussi entièrement à leur activité professionnelle que les célibataires. Si le policier se marie après quelques années de service, l'inconvénient est beaucoup moins grave, car le métier lui a déjà imprimé son sceau.

En ce qui concerne les milieux où l'on peut recruter de bons policiers pour le service criminel (des détectives, pour parler avec le public), on en trouvera dans tous les métiers. Cependant certains fourniront des agents tout spécialement capables.

A Londres, on recrute les détectives parmi les bons agents de la police d'ordre. Je ne trouve pas cette méthode de recrutement excellente, et cela pour les motifs suivants :

D'abord ces hommes ne sont souvent plus assez jeunes pour commencer leur carrière de détectives. Ensuite la plupart ont une allure spéciale, peut-être moins marquée que chez les anciens sous-officiers, mais suffisamment pour qu'on les reconnaisse sans peine. Enfin le service d'ordre dans la rue ne prépare nullement ces hommes aux allures mondaines qu'ils devront connaître, quand leurs recherches les amèneront dans un grand « Palace-Hôtel » pour y dîner en frac et cravate blanche.

Nul besoin de dire qu'on rencontre aussi des

exceptions à cette règle, mais, comme je l'ai dit,
je crois en général peu rationnel de recruter des
détectives dans les agents en uniforme.

Par contre, on trouvera d'excellents éléments
pour la police judiciaire parmi les jeunes commerçants et employés de banque, parmi les jeunes
employés de notaires et avocats, dans les milieux
des garçons d'hôtels et de cafés, même parmi les
employés de chemin de fer, en résumé dans tous les
métiers qui mettent l'employé en contact permanent
avec le public. Par cette expression « contact permanent avec le public » je ne veux pas désigner le
contact officiel, tel qu'il se produit par exemple à
la police ou à la poste ; j'entends que ce soit l'employé qui s'adresse au public pour en avoir
quelque chose, mais non le public à l'employé ; en
d'autres termes, ce ne doit pas être le contact
bureaucratique.

On pourra objecter qu'en recrutant le personnel
dans ces milieux il sera difficile d'obtenir les garanties d'honnêteté nécessaires. Je répondrai qu'il
y a dans les métiers cités plus haut autant d'honnêtes gens que parmi les anciens militaires. De
plus, on pourra toujours obtenir ces garanties par
une enquête sérieuse. Enfin, le candidat ne sera pas
tout de suite engagé définitivement. Il fera d'abord
un stage qui permettra à ses supérieurs de se
rendre compte de sa moralité et de ses aptitudes.

Le cas échéant on pourrait aussi exiger le dépôt d'une caution ; j'avoue cependant que je ne prise pas beaucoup ce mode de procéder.

Les candidats seront donc recrutés jeunes, à vingt ou vingt et un ans, peut-être même déjà à dix-neuf ans. Ils seront adjoints, comme stagiaires, pendant deux ans aux diverses brigades de la police judiciaire. Les brigadiers désigneront les anciens inspecteurs qui serviront de « professeurs » aux jeunes policiers, c'est-à-dire qui se feront accompagner par ces derniers dans tous leurs déplacements de service et qui les initieront à leur nouveau métier. Le jeune stagiaire passera de trois à quatre mois dans chaque brigade, de sorte qu'il connaîtra tous les services pratiques de la police judiciaire à la fin de la seconde année. Pendant ce temps de stage, il suivra aussi l'école théorique dont il sera parlé plus loin.

On objectera avec raison qu'à l'heure actuelle il est bien peu probable que des jeunes gens se décident à entrer si tôt dans la police. Ils attendent encore trop des autres métiers, et la carrière policière ne leur paraît pas suffisamment engageante au point de vue de la position et des salaires.

Il faut donc faire en sorte que cette carrière offre suffisamment d'avantages au jeune homme pour qu'il s'y sente attiré. Mais que peut-on offrir ? La réponse est simple : les avantages suivants :

1° Surtout un payement qui corresponde aux responsabilités et aux dangers auxquels sont exposés les agents de la sûreté;

2° La certitude d'une bonne pension à la fin de la carrière;

3° Des assurances contre la maladie, contre les accidents et sur la vie, assurances qui seront payées par l'État et non par des retenues sur les traitements.

4° Encouragements à toutes les sociétés et associations purement corporatives et professionnelles (sociétés de mutualité, sociétés de tir et de sports, etc.). La création de syndicats ne doit pas être tolérée de peur que les fonctionnaires ne soient tentés d'imposer leur volonté aux chefs par la grève ou d'autres moyens incompatibles avec les fonctions de la police.

Ad. 1. Il est hors de doute que, actuellement, le fonctionnement défectueux de beaucoup de polices criminelles est une conséquence directe de l'insuffisance de payement des fonctionnaires. Dans beaucoup de pays, les traitements sont si bas qu'il est presque impossible à l'inspecteur de fonder une famille. Ainsi j'ai vu en Italie des agents de la sûreté qui avaient à peine 100 francs par mois.

Le mauvais payement de la police est une fausse économie des États. D'abord il empêche un recrutement convenable, car l'homme capable veut avoir des honoraires correspondant à ses services. Ensuite, il n'encourage pas du tout le fonctionnaire à se donner de la peine, mais l'invite à se contenter juste du nécessaire. Enfin, en payant mal les policiers, on court le grand danger que ceux-ci ne se laissent tenter et cherchent à gagner davantage par des moyens malhonnêtes.

En effet, le métier de policier est peut-être celui où les fonctionnaires sont exposés aux plus grandes tentations. Un voleur qui vient de « faire » 20.000 francs donnera volontiers un billet de mille au policier pour qu'il ne dise rien. Si celui-ci a femme et enfants à la maison et s'il ne gagne que 100 ou 120 francs par mois, la tentation d'empocher les 1.000 francs sera si grande qu'il n'y résistera pas toujours. Mais si son salaire suffit amplement à ses besoins et à ceux de sa famille, il fera passer le devoir avant l'intérêt.

Il n'est pas possible de fixer une norme générale pour les salaires des fonctionnaires de police. Cela dépend des conditions de vie des divers pays. Mais, en tous cas, le salaire des policiers doit être en rapport avec leur grande responsabilité et avec les dangers auxquels ils sont exposés. Il sera tenu compte de ce principe déjà dans la fixation du payement du jeune stagiaire. Les salaires devraient être augmentés pour chaque année de service, de sorte que les hommes puissent faire des économies.

R.-A. REISS.

Encore un point important touchant la paie des policiers :

Dans la plupart des pays, on a l'habitude de partager entre les fonctionnaires les sommes remises par des personnes ou des entreprises privées, en récompense de services rendus par la police. Ainsi des banques et des particuliers qui ont été victimes de crimes ou de délits à la découverte desquels la police a beaucoup contribué, donnent des gratifications qui sont distribuées à la fin de l'année. A mon avis ce système est très mauvais pour les raisons suivantes :

1° Les policiers s'habituent à voir leur travail doublement payé : par l'État ou la Municipalité et par les particuliers. Or si ceux-ci ne donnent pas de gratifications, ils sont facilement regardés de travers par les agents, qui cessent de se donner de la peine pour eux.

2° Ce système de pourboires dégrade la corporation de la police. Il faut que le policier, comme les autres fonctionnaires, mette son point d'honneur à n'être payé que par l'État. Je ne veux pas dire par là qu'il faut défendre aux hommes privés de faire des largesses à la police pour lui témoigner sa reconnaissance. Mais ces sommes devraient être utilisées dans un but d'intérêt général et corporatif, pour des caisses de veuves et d'orphelins, par exemple.

Il faut aussi laisser au directeur de police le droit de récompenser, sur la proposition du chef de la police criminelle, les actions d'éclat des fonctionnaires par des gratifications en argent payées par l'État.

Cependant, quand il s'agit d'actes de bravoure, il serait peut-être préférable de donner la récompense sous une autre forme, plus digne de l'homme et de la corporation. Beaucoup de polices de pays européens, et tout spécialement celle de France, possèdent des médailles spéciales de mérite, qui sont décernées pour actions très courageuses. Elles sont portées par les hommes aux cérémonies publiques.

Ad. 2. Le droit à la pension devrait être acquis dès vingt ans de service. D'autre part, la limite d'âge des fonctionnaires subalternes (non gradés) ne devrait pas dépasser 45 ans. La pension, après vingt ans de service, sera au moins des 2/3 du dernier traitement.

Dans des cas spéciaux, et suivant une règle établie, le policier devrait avoir le droit à la pension déjà après la cinquième année de service. En demandant cela, je pense aux inspecteurs dont la santé a souffert par le fait du service, parfois très dur, et qui ne peuvent plus le continuer, mais ne sont cependant pas assez malades pour pouvoir demander un dédommagement.

Enfin, je répète que la limite d'âge de 45 ans ne s'appliquera ni aux chefs, ni aux brigadiers, etc.

Ad. 3. L'assurance contre la maladie, les accidents et sur la vie doit être établie de telle façon que le policier puisse être à l'abri de tout souci pour l'avenir, même s'il lui arrive un accident qui le rende incapable de servir. Elle doit donc être calculée de manière à ce que l'homme devenu inapte au service et ayant de la famille puisse vivre convenablement. S'il y a possibilité, on emploiera les « accidentés » dans un service de bureau. En cas de mort du soutien de famille, la veuve et les orphelins seront pensionnés par l'État, si la somme payée par l'assurance est insuffisante pour leur entretien.

Plus haut, j'ai dit que le jeune fonctionnaire de la police criminelle commence sa carrière comme stagiaire et qu'il est formé dans les diverses brigades par ses collègues plus anciens.

Mais ce « dressage » uniquement pratique ne suffit pas. En dehors du côté pratique de son métier le stagiaire doit se familiariser avec la théorie et la technique. Il les apprendra dans une sorte d'école du soir.

Dans cette école, on expliquera brièvement mais d'une façon claire la technique moderne des enquêtes. Les professeurs de cette branche d'enseignement seront les employés du laboratoire de police.

Ensuite, les stagiaires apprendront le signalement (portrait parlé), et on les initiera aussi aux autres méthodes d'identification et à leur fonctionnement. Ce sont les employés du service de l'identité judiciaire qui prendront cette partie de l'enseignement.

Enfin, on expliquera aux jeunes policiers les lois et la procédure pénale de telle façon qu'ils se les rappellent plus tard. On arrivera à ce résultat en leur présentant et en commentant des exemples de la pratique et non par des discussions purement théoriques. Cette instruction pourra être faite par des chefs tout spécialement qualifiés (ayant fait des études de droit) ou, ce qui est mieux à mon avis, par des juges d'instruction.

Ces instructions seront accompagnées d'exercices d'adresse et d'exercices physiques. Ainsi le jeune stagiaire s'exercera au tir, à la course et aux sports de défense. Il serait également très utile aujourd'hui que tous les jeunes policiers fussent capables de conduire une automobile. On le leur apprendra pendant le stage. Quelques stagiaires, signalés par les brigades respectives comme tout spécialement capables, pourraient être envoyés, pendant deux ou trois mois, dans des hôtels de premier rang pour s'y familiariser un peu avec le service pratique de ces établissements. Ces stagiaires seraient plus tard d'une très grande utilité pour les filatures dans les hôtels.

Enfin on ne saurait trop insister sur l'importance, pour le policier, de connaître les langues. Au recrutement déjà, il ne faudrait pas perdre ce fait de vue. On enseignera éventuellement aux stagiaires les langues étrangères les plus importantes.

QUELQUES OBSERVATIONS
A PROPOS
DE LA PRÉPARATION PHYSIQUE
DES AGENTS DE LA POLICE JUDICIAIRE
ET DE LA POLICE D'ORDRE

———

Les exercices corporels ont été portés au programme des écoles de police de différentes villes, écoles destinées à former la police d'ordre et la gendarmerie. Avec raison, on a ainsi fait une place à l'enseignement de la défense par l'adresse et la force musculaire. Mais il me semble qu'on s'est trop hâté d'adopter une méthode déterminée de défense. Je doute que le jiu-jitsu, qu'on enseigne aujourd'hui, soit le mode de défense idéal pour tous, et cela pour les raisons suivantes :

1° MM. les malfaiteurs ne restent pas en arrière et apprennent aussi ce moyen de défense. Ainsi nous avions à Lausanne un « club athlétique », dont les membres se recrutaient uniquement dans les milieux de récidivistes et de souteneurs, et où l'on s'exerçait avec ardeur au jiu-jitsu, à la boxe, etc.

2° Je ne crois pas qu'on puisse affirmer d'une façon absolue que la méthode japonaise de défense soit la meilleure. Ainsi, au Brésil, on pratique une sorte de défense contre laquelle le jiu-jitsu ne peut pas lutter (celle des « capoeiros »).

Il me semble hors de doute que tous les exercices qui assouplissent et fortifient le corps sont bons pour la police. Mais je crois qu'on devrait se contenter d'exercices généraux tout en faisant des démonstrations des diverses méthodes de défense personnelle (jiu-jitsu, boxe, canne, savate, etc.). Chaque homme choisirait celle qui conviendrait le mieux à ses aptitudes.

Mais s'il est très louable d'enseigner à la police les méthodes de défense, on oublie complètement un exercice corporel tout aussi important pour l'agent : c'est la course !

Aujourd'hui, le policier sait presque toujours se défendre convenablement, mais si le « client », qu'il veut arrêter, s'enfuit, il lui est souvent impossible de le suivre, parce qu'il ne sait pas courir. La course rationnelle, telle qu'elle est pratiquée par les hommes de sport, devrait également être enseignée au jeune policier du service criminel et du service d'ordre.

Le tir au revolver est de même trop négligé encore à la police, bien qu'il lui soit très nécessaire. On se contente aujourd'hui d'amener les jeunes candidats pendant quelques après-midis à une ligne de tir, où on leur fait brûler quelques douzaines de cartouches. Cela ne suffit pas. Le jeune policier devrait s'exercer journellement au tir dans les différentes positions et sur des objets fixes et mobiles. Ainsi seulement il aura la sûreté de main nécessaire pour pouvoir se servir utilement de son arme.

Pour que les policiers aient facilement l'occasion de s'exercer au tir, il sera bon d'organiser un petit « stand » au revolver dans la cour de chaque bâtiment central de police, où les fonctionnaires, pendant leurs moments de liberté, pourront venir tirer. C'est la police qui fournira à chaque homme une quantité donnée de cartouches par an.

CHAPITRE III

LA POLICE D'ORDRE
(POLICE EN UNIFORME)

Il a déjà été dit que la police d'ordre ou portant uniforme est dirigée, comme la police criminelle, par un chef. Ce chef aura, outre un ou plusieurs secrétaires, deux sous-chefs ou adjudants qui pourront éventuellement le remplacer, et qui l'assisteront dans les grandes occasions.

La police d'ordre est répartie dans des postes situés dans tous les quartiers de la ville. Une brigade de réserve doit être stationnée à la Centrale policière.

A la tête de chaque poste de police se trouve un chef civil ayant à sa disposition un lieutenant de police en uniforme. Si le poste est important, il y aura un capitaine et un ou deux lieutenants. Les grades des agents inférieurs sont : sergent et caporal. Le contrôle du poste, en ce qui concerne la police portant uniforme, sera fait par des contrôleurs ayant le grade de capitaine et dépendant directement du chef de la police d'ordre.

Le fonctionnaire civil, chef du poste de police, a le même rang qu'un inspecteur principal des brigades de la police judiciaire. Il sera aussi recruté avec succès parmi ces inspecteurs principaux.

Le chef de poste aura à traiter toutes les affaires judiciaires du poste : réception des plaintes, interrogatoire des arrêtés, etc. En outre, la tâche lui incombera de faire les premières diligences en cas de crime dans son quartier. Il aura à sa disposition, suivant l'importance du poste, deux ou trois inspecteurs fournis par le service de police criminelle. Ces inspecteurs ne resteront pas plus de deux ou quatre semaines dans un poste.

J'insiste sur le fait qu'en cas de crime toutes les premières démarches soient faites par le chef civil et ses inspecteurs civils, et cela parce que l'expérience a démontré :

1° que les agents en uniforme n'apportent pas toujours assez de soins à la sauvegarde des preuves et indices matériels sur les lieux ;

2° que dans bien des cas la seule vue d'un uniforme sur les lieux du crime rend les recherches plus difficiles, parfois même impossibles, et

3° que les agents en uniforme n'ont pas assez d'expérience en matière de crime pour pouvoir s'occuper utilement des premières constatations.

Je ne craindrai même pas de dire qu'il est directement dangereux de faire faire des constatations et recherches immédiates sur les lieux par des agents en uniforme. Ceux-ci se contenteront donc, lors de la découverte d'un crime, de garder les lieux sans y pénétrer; et ils ne laisseront entrer personne avant l'arrivée du chef de poste et du service technique.

Le service d'ordre extérieur nécessité par la curiosité populaire et les rassemblements qui s'en suivent sera naturellement aussi fait par eux.

Un secrétaire attaché au chef de poste s'occupera de la correspondance. Le chef de poste, malgré ses attributions de police judiciaire, dépend du chef de la police d'ordre.

Après avoir fait les premières diligences en cas de crime ou de délit, le chef transmet son dossier à la police judiciaire. Cette dernière pourra le charger, par l'entremise du chef de la police d'ordre, d'effectuer certaines recherches dans le quartier de son poste.

Le capitaine, éventuellement le lieutenant, représente l'élément administratif et disciplinaire du poste. Il est toutefois subordonné au chef civil. Il s'occupera tout spécialement du service de la rue et du service d'ordre.

Cette organisation du poste me paraît plus rationnelle que celle où le poste est en même temps commissariat, et où deux chefs se partagent le commandement : l'officier de paix (police d'ordre) et le commissaire de police (police judiciaire). Dans l'organisation que je propose, il n'y a qu'un chef : le chef civil, qui a sous ses ordres l'officier des agents en uniforme.

La brigade de réserve ou brigade centrale de la police d'ordre, qui est stationnée à la Centrale policière, aura à sa tête un major. En effet, cette brigade a beaucoup plus d'hommes qu'un poste de police. A Paris, par exemple, la réserve compte de 2 à 3.000 hommes. Cette brigade sert à renforcer, en cas de besoin, l'action des agents des postes de quartier.

J'ajoute qu'il peut devenir nécessaire de créer encore, à côté des postes de quartier, des postes plus petits qu'on pourrait appeler « postes de rayon ». Suivant leur importance, ils seront dirigés par un lieutenant ou un sergent. En dehors de la protection des lieux, ces postes de rayon ne s'occuperont pas d'affaires criminelles, mais les transmettront immédiatement aux postes de quartier respectifs.

Enfin, il est désirable que chaque poste de quartier ait à sa disposition une ou plusieurs automobiles pour transporter rapidement sur les lieux le chef et ses aides.

Recrutement. — Le chef de la police d'ordre aura fait sa carrière dans la police. Si possible, il aura passé par tous les grades, au moins depuis celui de lieutenant. Avant de prendre la direction, il fera un stage d'une année dans les divers services de la police criminelle. Cette éducation est nécessaire au chef de la police d'ordre à cause des multiples points de contact entre les deux sortes de police. Une collaboration efficace des deux n'est possible que si les dirigeants de la police en uniforme connaissent aussi le travail de la police judiciaire.

Les deux sous-chefs ou adjudants du chef de la police d'ordre auront la même préparation professionnelle que lui.

Le recrutement des officiers de la police d'ordre. — Les officiers de la police d'ordre devront avoir une éducation militaire suffisante pour pouvoir maintenir dans le corps des agents une discipline qui sera nécessairement militaire. L'éducation des écoles militaires sera une très bonne préparation pour eux. Cependant, ils ne seront pas promus immédiatement lieutenants de police au sortir de ces collèges militaires, mais ils feront auparavant le service de la police d'ordre comme agents pendant six mois, celui de caporal et celui de sergent pendant trois mois chacun. Ils porteront pendant ce temps de stage l'uniforme des agents avec un signe distinctif d'aspirant-officier.

J'ajoute tout de suite qu'il ne faut pas fermer la carrière d'officier aux hommes qui sont entrés à la police comme simples agents, mais les plus méritants arriveront seuls à ce grade, et à la condition de ne pas être trop âgés, car les lieutenants de police doivent être jeunes.

Les aspirants officiers suivront, pendant leur stage, l'école du soir des stagiaires de la police judiciaire, et leur service devra être réglé de façon à le leur permettre.

Les lieutenants de police peuvent avancer, s'ils sont capables, jusqu'au grade de major, éventuellement jusqu'à celui de chef de la police d'ordre et de directeur général de la police.

J'observerai encore que la fréquentation d'une école militaire ne doit pas être une condition *sine qua non* à l'acceptation des jeunes gens comme aspirants-officiers de la police. Il faut rendre cette carrière accessible à tous ceux qui possèdent la capacité et l'éducation nécessaires.

Le recrutement des chefs de poste. — J'ai dit que les chefs de poste seront recrutés dans la police criminelle : on y nommera des inspecteurs principaux. Le service étant beaucoup moins mouvementé que dans les brigades de police judiciaire, les fonctionnaires appelés à diriger un poste de quartier peuvent avoir déjà un certain âge.

Le recrutement des agents. — Le recrutement des agents sera tout à fait libre. Une seule condition doit le dominer : engager seulement des éléments vraiment utilisables.

Si le candidat agent a fait du service militaire, et qu'il ne soit pas resté trop longtemps au régiment, cette préparation sera excellente pour la discipline. Toutefois le « recrutement militaire » ne devrait pas être aussi général qu'en Allemagne, par exemple, où l'on n'admet dans la police que d'anciens sous-officiers. J'ai déjà parlé, dans le paragraphe consacré à la police criminelle, des défauts principaux de ces hommes. J'ajouterai que les anciens militaires sont beaucoup trop vieux, et que les recrues de la police d'ordre ne doivent pas avoir dépassé vingt-deux ans au maximum.

La recrue n'est définitivement acceptée au service qu'après un stage d'au moins six mois. Si, pendant ce temps, ses supérieurs s'aperçoivent qu'elle n'est pas capable, elle sera renvoyée au moins un mois avant la fin du stage, et le stage lui sera payé en entier.

Pendant le stage et la première année de son service définitif, le jeune policier fréquentera deux fois par semaine et le soir des cours dans lesquels on lui expliquera les lois et arrêtés les plus importants qu'il aura à appliquer dans la pratique de son métier. Il apprendra aussi les principes du signalement. Enfin, en lui présentant des exemples de la pratique, on lui enseignera d'une façon très pressante ce qu'il ne doit pas faire sur les lieux des crimes et délits, et qu'il devra, avant tout, chercher à sauvegarder les indices matériels. Des conférences lui inculqueront la politesse envers le public. En ce qui concerne ce dernier point, une surveillance sévère sera exercée par les gradés.

A côté de cette instruction théorético-pratique, des exercices rationnels de gymnastique et une instruction militaire feront de la recrue un agent fort et discipliné. On ne manquera pas non plus de l'exercer au tir. Quant à l'enseignement des méthodes de défense personnelle, je m'en réfère à ce que j'ai exposé plus haut.

A ce propos, les supérieurs devraient toujours distribuer le travail des agents de telle façon que les jeunes soient postés aux endroits où la vitesse et la souplesse du corps sont le plus nécessaires. Les agents plus âgés seront stationnés dans les rues très fréquentées, pour maintenir l'ordre de la circulation.

Le jeune agent de la police d'ordre, comme son collègue de la police judiciaire, doit être célibataire pendant les premières années de son service.

Je crois utile que les agents non mariés demeurent ensemble dans une sorte de caserne. Les causes qui me font recommander le casernement des policiers célibataires sont les suivantes :

1. La direction de police a ainsi les hommes toujours à sa disposition. Si les agents ont leur domicile à eux, ils ne peuvent guère être atteints rapidement.

2. Si le jeune agent demeure en chambre, il est souvent forcé de louer dans des maisons où loge parfois une société très douteuse. L'influence de ce milieu peut être défavorable sur le jeune homme.

3. La vie en commun renforce chez les jeunes gens l'esprit de camaraderie et de corps, esprit absolument indispensable à une bonne cohésion de la police.

J'ajoute que ces casernes, ou plutôt ces logis en commun, ne seront tenus ni comme des casernes militaires, ni comme des cloîtres. Chaque agent aura sa chambre à lui, qu'il pourra meubler comme il voudra. Les meubles nécessaires lui seront toutefois livrés s'il n'en possède point. La surveillance et l'administration des logis seront exercées par un comité élu par les hommes eux-mêmes. Ce comité est responsable vis-à-vis de la direction de police de l'ordre et de l'hygiène. Les logements sont naturellement gratuits.

Une salle à manger en commun, une bibliothèque, un fumoir avec billard, etc., feront de cette maison un « home » pour le policier, home dans lequel il se sentira chez lui. L'immeuble pourra éventuellement contenir aussi quelques petits appartements pour des fonctionnaires supérieurs célibataires des polices d'ordre et criminelle.

Observations. — Une partie des jeunes recrues de la police d'ordre s'initiera aussi au service des pompiers par un stage d'environ deux mois. Cela est désirable parce que, parfois, la police arrive sur les lieux des sinistres avant les pompiers (commencements d'incendies). D'ailleurs, le service d'ordre pendant l'incendie sera mieux fait par des gens connaissant les nécessités du service des pompiers que par ceux qui n'y comprennent rien du tout.

J'ai expliqué plus haut pourquoi je recommande le logis en commun des agents célibataires. Pour les agents mariés, ce mode de logement n'est pas possible, et cela non pas à cause des hommes, mais à cause des femmes. Il faut donc qu'ils se logent dans des appartements privés. Il va sans dire qu'on leur allouera une certaine somme comme frais de logement.

Les femmes des agents peuvent naturellement exercer un métier à la condition qu'il ne soit pas en contradiction avec celui de leurs maris. Inutile d'ajouter que la femme de l'agent ne doit avoir aucun contact ni direct, ni indirect avec la prostitution, par exemple. Mais il est aussi d'autres métiers qui ne sont pas faits pour les femmes des agents de police. Ainsi je suis tout à fait contre l'emploi, si fréquent à Paris et dans d'autres grandes villes, des femmes de policiers comme concierges de maisons. En effet, le métier de concierge amène la femme à accepter et à rechercher des pourboires de la part des habitants de la maison. Or pour augmenter le rendement des pourboires, la concierge et aussi son mari se laissent facilement entraîner à rendre des services aux habitants de l'immeuble dont ils ont la garde, services qui sont parfois contraires aux règlements et même aux lois.

Je ne recommanderais pas non plus aux femmes des agents les métiers qui les retiennent loin de la maison pendant la nuit ou une partie de la nuit (ouvreuses dans les théâtres, préposées aux vestiaires dans les restaurants de nuit, etc.), et cela également de crainte qu'elles ne soient entraînées à rendre des services qui ne cadrent pas avec le métier de leurs maris. De plus, cette absence pendant la nuit leur fait forcément négliger leur intérieur, et l'agent de police doit avoir un intérieur qui lui permette de se reposer après son service souvent fort dur.

L'uniforme. — Je n'ai pas encore trouvé dans les pays d'Europe un seul uniforme de police qui soit vraiment pratique et conforme à son but. Et cependant l'uniforme de l'agent a une double importance :

1° Il doit être fait de façon à répondre à toutes

les exigences du service, et laisser en même temps au corps toute la liberté d'action;

2° L'uniforme de l'agent a souvent une influence directe sur les rapports de ce dernier avec le public,

Je m'explique d'abord sur le second point :

Il est malheureusement certain que, sauf quelques rares exceptions, les rapports entre la police en uniforme et le public ne sont pas tels qu'ils devraient être. Les journaux amis de l'ordre ont beau dire, lors du meurtre d'un agent par un apache, par exemple, que les agents sont aimés de la population, et les politiciens ont beau affirmer dans les banquets des « amicales de la police » que le public les tient en haute estime, la vérité est que le public ne les aime que très peu, pour ne pas dire pas du tout. Ce malentendu entre le public et la police, qui est très nuisible au bon fonctionnement du service. tient à des causes diverses.

Parmi ces causes, il faut noter le fait que, suivant le naturel des gens, l'uniforme éloigne, intimide ou rend antipathique l'agent au public.

La majorité de la population aime l'armée et manifeste parfois bruyamment cet amour en voyant passer un régiment, musique en tête. Mais elle ne voit pas de bon œil que des non-militaires prennent des allures de sous-officiers et en aient l'apparence extérieure. Or presque tous les pays ont pris l'uniforme militaire comme modèle de leurs uniformes de police. Voyez par exemple l'agent de police prussien. Cet homme, affublé d'une sorte de longue tunique d'officier, avec son casque à pointe et son long sabre, manque totalement d'élégance et paraît la contrefaçon un peu grotesque de l'officier.

Il est également certain que l'habit a fréquemment une influence directe sur la façon de se comporter de l'homme qui le porte. Ainsi, quand on est tout en noir et vêtu d'une sévère redingote, on croit nécessaire de se donner les airs d'un homme sérieux. L'individu masqué en clown s'efforcera d'être gai. La longue et sévère tunique, le sabre et le casque à pointe ont aussi leur influence sur le policier prussien. Il croit être d'une autre essence que le public, presque un être supérieur, et sa façon de traiter les gens se ressent de cette mentalité.

Il faut donc chercher un uniforme d'agent qui s'adapte à ses rapports avec le public, et qui soit en même temps pratique et ne gêne pas l'homme dans ses mouvements. Il va sans dire que cet uniforme doit être tel qu'il commande le respect au public sans l'intimider. Il ne faut pas perdre de vue non plus que l'uniforme doit facilement faire reconnaître l'agent parmi la foule.

Quant au premier point, presque tous les uniformes de police ont les mêmes défauts. Je suis de nouveau forcé de citer l'agent de police prussien comme exemple classique : quiconque a vu cou-

rir ou sauter un de ces agents, la tête congestion-
née par un col trop serré, avec son sabre qui le
fait trébucher et son casque qui menace de tomber
à chaque instant, a pu se convaincre qu'un uniforme
de ce genre est juste le contraire de ce qui convient
à l'agent de police.

Le sabre, comme arme de police, est ou dangereux ou inutile, suivant le tempérament de celui
qui le porte. Si l'agent est prudent et connaît sa
responsabilité, il se servira trop tard de son arme,
car il sait qu'en frappant avec le sabre il risque
de produire des blessures dangereuses. Si l'homme
est nerveux, au contraire, il s'en servira trop vite
et provoquera un malheur qu'il aurait dû éviter.

La vraie arme du policier est le bâton en caoutchouc. Il étourdit sans blesser, et les suites du
coup ne sont pas graves. Le bâton doit être porté
de telle façon qu'il soit toujours prêt à l'usage,
c'est-à-dire fixé au poignet par une petite courroie
de cuir.

En plus du bâton, l'agent portera encore un revolver, mais aussi de façon à pouvoir s'en servir immédiatement. Cela n'est pas possible avec la manière de porter l'arme des policiers européens. En
effet, en Europe on porte le revolver si irrationnel-
lement qu'il se passe au moins vingt secondes jusqu'à ce qu'on l'ait sorti de sa gaine et qu'on puisse
tirer. Ces vingt secondes suffisent au malfaiteur

pour tirer le premier et tuer son adversaire. En outre, si le revolver est fixé à une courroie portée en bandoulière, cette courroie peut être utilisée par le criminel pour étrangler l'agent.

La seule façon rationnelle de porter le revolver est celle des cow-boys américains. Ainsi il est toujours prêt à l'usage.

Il va sans dire que la coupe de l'uniforme doit permettre ce port du revolver. Ce ne seront plus de longues tuniques comme celles qui sont en usage en Allemagne et en France, mais des vareuses courtes qui laissent les jambes libres, et qui soient serrées à la taille par le ceinturon porte-revolver.

Dans les contrées chaudes et pendant l'été, le port de chemises semblables à celles des soldats nord-américains est recommandable.

Les jambes seront libres. L'agent portera donc des pantalons courts (bridges) et des jambières, genre « leggins » en cuir. Comme manteaux on prendra en été des pèlerines en étoffe imperméable (les pèlerines en caoutchouc sont trop chaudes), en hiver des paletots chauds mais courts, coupés de telle façon que le ceinturon avec le revolver puisse être porté dessus. Le chapeau en feutre à larges bords des soldats américains est le meilleur couvre-chef pour l'été et pour l'hiver.

Au côté gauche du ceinturon, qui sera assez large pour ne pas « couper », on fixera une pochette en cuir qui contiendra les menottes et un petit nécessaire pour premiers secours en cas d'accident.

La vareuse aura des deux côtés de la poitrine deux poches, dont l'une destinée à recevoir le livret d'informations (index des rues, etc.), et la seconde un carnet de notes. La face postérieure du pantalon aura une poche pour recevoir le livret de signalements. Les grades sont indiqués par des insignes sur les manches.

Si l'importance de la ville exige la création d'une brigade d'agents à cheval, on n'a pas besoin de créer un autre uniforme. Et pas davantage pour les agents cyclistes et motocyclistes et les agents de la police *fluviale*. Des insignes sur les manches indiqueront suffisamment leurs brigades respectives.

L'uniforme que je viens d'esquisser sied bien à l'agent, commande le respect du public et ne rappelle pas trop l'uniforme militaire.

Le service de la rue. — En ce qui concerne le service de la rue de la police d'ordre (service de patrouilles) je ne crois pas possible d'appliquer le même système partout. Dans les rues très fréquentées, une partie des agents doit se tenir à un endroit fixe et surveiller et régler, de ce point, le mouvement des véhicules, etc. L'agent se servira pour cela du bâton, comme c'est déjà l'usage dans beaucoup de grandes villes. Cette partie des agents constitue la « police du mouvement » ou la « police des véhicules ».

Elle est secondée par la « police de surveillance », qui surveille, en se déplaçant continuellement, les trottoirs des deux côtés de la rue. Chaque agent a un rayon à inspecter. Au besoin, en cas de filature par exemple, l'agent surveillant peut s'arrêter à un point aussi longtemps qu'il le croit utile, mais en règle générale le policier de surveillance devra inspecter aussi souvent que possible son îlot.

Dans les rues moins fréquentées, l'agent exécute en même temps la police du mouvement et celle de surveillance. Il se déplacera continuellement pour savoir exactement ce qui se passe dans son rayon, dont la longueur peut être, suivant la tranquillité du quartier, de 200 à 400 mètres. Dans les quartiers mal fréquentés, on doublera, on triplera même le nombre des agents.

J'ajouterai que l'obligation pour le policier de rester dans son quartier ou district ne doit pas être absolue. Si un agent suit un homme, et que celui-ci passe dans le quartier voisin, il doit avoir la faculté de continuer sa poursuite jusqu'à ce qu'il ait obtenu un succès ou qu'il se soit persuadé de l'inutilité de son effort. Son rapport sera alors remis au chef de poste du quartier ou district, où le travail a été terminé. Celui-ci en donne une attestation servant de contrôle au supérieur du poste auquel l'agent est régulièrement attaché.

Le bureau statistique de la police. — Le bureau statistique de la police est un organe indépendant des polices criminelle et d'ordre, et directement attaché à la direction générale. Il reçoit toutes les semaines des différents autres services de la police la liste des affaires traitées. A la police judiciaire, par exemple, le service des dossiers prépare des listes, en se servant du matériel reçu, listes qui seront ensuite employées par le bureau spécial pour établir la statistique de cet organe de la police.

Les renseignements fournis à la statistique par le service des dossiers contiendront :

1º Les affaires criminelles dont l'enquête a abouti à un résultat.

2º Les affaires criminelles dont l'enquête n'a pas abouti. Il sera spécifié si le résultat négatif de l'enquête est la conséquence de la mort de l'inculpé ou de sa fuite dans un autre pays, ou s'il provient du fonctionnement défectueux des moyens d'action de la police.

3º Une définition exacte de la catégorie du délit et du crime. On ne se contentera pas, par exemple, d'une dénomination vague comme « vol », mais on spécifiera le genre du vol : « vol dans les vitrines, vol de caisse, vol dans un hôtel, avec ou sans effraction, etc. »

4º Le sexe et l'âge exact du délinquant.

5º Récidiviste ou non-récidiviste (délinquant primaire).

6º Lieu de naissance, nationalité, profession, école fréquentée.

7º Si l'individu a déjà été arrêté et combien de fois pendant l'année courante.

La statistique doit prendre en considération tous ces points.

Quant à la statistique de l'âge des délinquants, les rubriques ne devraient jamais contenir plus de deux ans. De cette façon seulement on pourra se rendre un compte exact de l'âge qui fournit, dans une ville donnée, le maximum de criminalité.

On sait que le maximum de criminalité change d'un pays à l'autre, et même d'une ville à l'autre. Ce sont les conditions sociales et économiques, climatériques, etc., en un mot c'est l'influence du milieu qui est la cause de cette variation. Les constatations faites à l'aide des statistiques peuvent mettre en relief l'influence prépondérante de certains facteurs, et, si l'on connaît ces facteurs, il sera possible de les combattre et de diminuer ainsi la criminalité, et tout spécialement la criminalité juvénile. La statistique servira donc avant tout à la police préventive.

Dans les grandes villes, il est recommandable de faire établir aussi des statistiques partielles,

une pour chaque région de la ville. En comparant
ensemble ces statistiques régionales, on pourra
faire des constatations intéressantes au point de
vue de la répartition des crimes et délits. La connaissance de cette répartition peut, de son côté,
être utile pour les mesures de police préventive.

Le bureau de statistique ne s'occupera pas des
succès ou insuccès, ou autres qualifications professionnelles des fonctionnaires.

Dans les services de police, et tout spécialement
dans celui de la police criminelle, l'appréciation
des mérites des fonctionnaires ne peut être faite
que par les supérieurs directs. Essayer de les fixer
par la statistique serait dangereux, car on aurait,
la plupart du temps, une image tout à fait faussée.
En effet, la statistique ne peut tenir compte des
difficultés que présente le travail dans les divers
cas. Ainsi un inspecteur médiocre réussira à
traiter avec succès un grand nombre d'affaires très
faciles, et apparaîtra comme plus capable qu'un
homme très habile mais qui n'a pu suivre, pendant
le même temps que le premier, qu'un nombre restreint d'affaires très difficiles et délicates. La difficulté du travail ne peut être appréciée que par les
fonctionnaires eux-mêmes, leurs collègues et leurs
chefs directs.

Il va sans dire que les différents services fixe-
ront par des notes succinctes l'historique des

affaires qu'ils auront traitées. Ces notes n'iront pas à la statistique, mais aux dossiers.

Le directeur général de la police et les chefs des deux polices d'ordre et criminelle seront tenus au courant du travail de leurs subordonnés par des rapports quotidiens.

Comme les autres services, le bureau de statistique est dirigé par un chef, qui peut avoir, suivant les besoins, un ou deux sous-chefs sous ses ordres.

Le service de contrôle des étrangers et des habitants fournira le matériel nécessaire pour établir une statistique exacte et détaillée du mouvement des étrangers et de la population.

Cette dernière statistique intéresse aussi l'administration d'une ville et pourrait y être exécutée. Je crois cependant préférable de la faire faire à la police, car elle intéresse au moins autant la police que l'administration d'une ville. De plus, par suite de l'existence du service de contrôle à la direction de police, cette dernière est mieux outillée pour ce travail.

Dans les pays où l'on demande aux étrangers le dépôt de pièces d'identité, ce dépôt se fera au service du contrôle des étrangers.

CHAPITRE IV

LA POLICE ET LA PROSTITUTION

La prostitution a toujours existé, et elle existera aussi longtemps qu'il y aura des hommes. Elle constitue un problème extrêmement difficile à résoudre, et je crains bien qu'il ne soit jamais résolu à la satisfaction générale. Et cela parce que la question de la prostitution est envisagée de deux points de vue radicalement différents : du point de vue théorique (moral, philosophique) et du point de vue pratique.

Ces deux points de vue ne pourront jamais être conciliés. Aussi doit-on se demander lequel il faut adopter si l'on veut sauvegarder pratiquement l'hygiène et la sécurité publiques, puisque la prostitution intéresse en même temps la santé publique et la criminologie.

Je ne veux pas dire par là qu'il faille considérer la prostitution comme un délit ou un crime. Ce n'est pas du tout le cas. Mais on ne peut nier d'une part que la prostitution ne soit pour la femme un dérivatif grâce auquel elle commet

moins d'actions tombant sous le coup de la loi
que l'homme, et d'autre part qu'elle ne soit très fréquemment et intimement liée au crime (souteneurs,
etc.).

Quant au premier point, il est hors de doute que
la femme fournit un pourcent très faible de criminalité, en comparaison de celui de l'homme.
Cela vient de ce que la femme est physiquement
beaucoup plus faible que l'homme. Dans la plupart des catégories du crime qui ne demandent ni
la force physique, ni la décision rapide, le pourcent de l'élément féminin est presque aussi fort
que celui de l'élément masculin, parfois même
supérieur (par exemple l'assassinat par empoisonnement est plus pratiqué par les femmes que par
les hommes).

Je ne crois pas non plus que la femme soit plus
morale que l'homme, mais il lui est facile de satisfaire ses penchants par la prostitution. Si l'on
additionne au nombre des criminelles et délin-
quantes celui des prostituées habituelles, on arrive
à peu près au même pourcent que celui de la criminalité masculine. Je répète toutefois que je ne
peux pas considérer la prostitution en elle-même
comme un délit. Il est vrai que certains des actes
qui l'accompagnent souvent peuvent avoir un caractère délictueux (racolage, etc.).

Mon avis est qu'il faut considérer la prostitu-

tion comme un métier, mais un métier malsain et
dangereux. Dans l'industrie, il y a aussi des métiers malsains et dangereux, et, pour ramener ces
dangers à un minimum, on a édicté des mesures
et des précautions spéciales. Puisque la prostitution rentre dans cette catégorie de métiers, il faut
agir de même à son égard : il faut chercher à en
diminuer autant que possible les dangers par une
réglementation appropriée. Ce que je viens de dire
montre néttement que je suis pour la réglementation de la prostitution.

Réglementation et abolitionnisme.

Avant d'aborder les questions techniques de
cette réglementation, je voudrais encore brièvement
examiner les points de vue de ses adversaires, les
abolitionnistes. Examinons en premier lieu où se
recrutent les abolitionnistes.

Nous avons d'abord les gens qui envisagent le
problème de la prostitution du point de vue religieux, et qui expliquent l'augmentation actuelle
de la prostitution par l'irréligion de notre époque.
Ils ne pensent pas que certaines autres religions,
qui s'estiment tout aussi fondées que la religion
chrétienne, ne la considèrent nullement comme
quelque chose de condamnable. Ainsi la religion
japonaise ne défend pas du tout la prostitution.

Il faut aussi se rappeler que, même au temps le plus florissant du christianisme, la prostitution existait, peut-être d'une façon plus cachée qu'aujourd'hui.

Les abolitionnistes religieux, dont beaucoup sont sûrement très sincères, croient que la prostitution peut complètement disparaître. L'histoire semble cependant prouver le contraire. Ils travaillent sincèrement dans ce but. Ils sont contre la réglementation parce qu'ils la croient immorale et qu'ils y voient un obstacle à la disparition de la prostitution.

La seconde catégorie d'abolitionnistes se recrute parmi les philosophes, les esthètes et les médecins.

Les premiers partent du principe que chacun est libre de faire de son corps ce qu'il veut. Le principe, considéré au point de vue philosophique, paraît parfaitement juste, mais ils oublient que, pour exercer la prostitution, il ne faut pas un corps mais deux, et que si l'un des corps a le droit d'être malade, il n'a pas celui de transmettre sa maladie au second. Ensuite ils jugent la visite révoltante pour la femme. Mais le fait de transmettre à un autre une maladie aussi dangereuse que la syphilis me paraît encore plus révoltant.

Les médecins abolitionnistes prétendent que la réglementation ne sert à rien, parce que la surveillance médicale de la prostituée ne peut être exercée après chaque acte, et que même si on pouvait l'exercer, il serait impossible de reconnaître immédiatement la maladie. Si le premier coït a eu lieu avec un homme malade, la femme peut servir de véhicule à la maladie et la transmettre du premier homme au second, etc. Ils disent aussi que si l'examen médical existe pour la femme, il faut également l'appliquer à l'homme et l'examiner avant chaque rapport sexuel avec une prostituée. Il est certain que ces objections des médecins contiennent une grande part de vérité.

Aussi les partisans de la réglementation ne se bercent-ils nullement de l'espoir que la surveillance médicale et policière fera disparaître tous les dangers de la prostitution. Ils savent que cela est impossible, mais ce qui est possible, c'est de diminuer les dangers en appliquant tous les moyens raisonnables. Les prostituées pourront toujours répandre les maladies vénériennes, mais on peut y remédier, dans une certaine mesure, par la réglementation médicale et policière. L'exemple suivant illustrera ce que je viens de dire :

1° Il n'y a pas de réglementation. La prostituée a une maladie vénérienne, maladie qui, on le sait, est tout particulièrement dangereuse, parce que ceux qui en sont affectés, sont longtemps sans s'en douter. Notre prostituée continuera donc à exercer son métier, et elle pourra ainsi, en une ou deux semaines, infecter des douzaines d'hommes. En effet, la quantité de « clients » que font par jour certaines prostituées est très grande, jusqu'à 45, comme le prouvent des documents que je possède.

2° Il y a réglementation. La femme a été infectée et transmet sa maladie à quelques hommes. Deux ou trois jours après que la maladie s'est manifestée, la prostituée passe la visite médicale. Elle est reconnue malade et envoyée à l'hôpital.

Résultat : la première prostituée contamine plusieurs douzaines d'hommes, la seconde se contente d'une demi-douzaine. Un nombre respectable d'hommes est préservé par le fait qu'elle a été conduite à l'hôpital.

Que la réglementation diminue le nombre des hommes infectées, cela résulte nettement de la statistique suivante des militaires affectés de maladies vénériennes, statistique publiée dans le très intéressant livre du Dr. Commenge, *La Prostitution clandestine à Paris*.

Parmi 1.000 malades entrés dans les hôpitaux militaires en 1892, il y avait le pour mille suivant de vénériens :

Allemagne (à l'exclusion de la Ba-vière)	33,6	°/₀₀	réglementation sévère.
Bavière	45,5	°/₀₀	
France	·53,2	°/₀₀	
Russie	58,3	°/₀₀	réglementation moins sévère.
Roumanie	72	°/₀₀	
Autriche-Hongrie	82,81	°/₀₀	
Angleterre	235		pas de régle-mentation.
Colonies anglaises	332,9	°/₀₀	

En Italie, la réglementation a existé jusqu'en mars 1888. Depuis lors est entrée en vigueur la loi Crispi, qui donne à la prostituée liberté complète de sa personne sans aucune entrave. Pendant la dernière année de la réglementation le pour mille des soldats atteints de maladies vénériennes a été de 42,5 °/₀₀. Dès la première année de l'abolition de cette réglementation, le nombre a plus que doublé : 102,5 °/₀₀.

Il n'est pas nécessaire de commenter ces chiffres!

Examinons maintenant la seconde objection des médecins, à savoir que les hommes devraient également être soumis à un examen médical. Il est certain que cet examen serait parfois des plus nécessaires, et, comme je le dirai plus loin, je le prévois même pour les maisons de prostitution. Cependant il faut tenir compte aussi que la femme est plus dangereuse pour la propagation des maladies vénériennes que l'homme. En effet la première peut avoir en un jour de 30 à 45 rapports sexuels avec différents individus; si elle est malade, et que les hommes ne prennent pas de précautions, elle peut les contaminer tous. Un homme normal, par contre, ne fréquentera par jour qu'une ou deux femmes. La prostituée qui fait commerce de son corps peut rendre malades de 30 à 45 hommes par jour ; l'homme malade, qui n'est pas un professionnel des relations sexuelles, infectera deux femmes au plus. Et puis, la première « travaille » tous les jours, tandis que l'homme ne supporterait pas longtemps ce régime.

Le danger de la propagation des maladies vénériennes est donc bien plus grand du côté de la femme que du côté de l'homme.

Il faut encore ajouter que la prostituée, se rendant compte de sa maladie, tâche de cacher son état par intérêt. Elle ne se soigne même pas, car chaque jour utilisé pour cela se traduit pour elle par une perte d'argent. L'homme atteint d'une maladie vénérienne n'a pas ces raisons pour ne pas aller au médecin.

Il y a encore une catégorie d'abolitionnistes qu'il faut mentionner : ce sont les femmes s'intéressant à la chose publique. Ces femmes poursuivent des buts différents en combattant la réglementation de la prostitution. Parmi elles, il y a un grand nombre d'excellents esprits, mais qui ne connaissent pas la question à fond, et qui croient que toutes les filles sont tombées malgré elles dans la prostitution. D'après elles, ce seraient toutes des créatures malheureuses que la nécessité et la séduction auraient poussées à ce métier immoral.

Je ne nie nullement que des femmes aient été amenées à la prostitution par la séduction, quelques-unes même, quoique en nombre relativement petit, par la misère. Mais un bien plus grand nombre des prostituées habituelles (je ne parle pas de ce qu'on appelle « maîtresses » et « collages ») ont choisi ce métier par paresse ou poussées par les impulsions sexuelles et par l'influence du milieu dans lequel elles ont vécu.

Les femmes abolitionnistes croient que toutes les prostituées peuvent être ramenées à la vie normale, et que c'est précisément la réglementation qui empêche ce retour en imprimant à la femme son sceau d'infamie. Il est certain que quelques prostituées peuvent être sauvées, mais ce sauvetage est impossible pour la majorité.

A ce propos, il faut encore noter un fait sur lequel on a peu insisté jusqu'à maintenant, et qui toutefois a une grande importance pour la solution de la question de la prostitution : dans beaucoup de grandes villes un nombre respectable de prostituées ne fréquentent les hommes que pour gagner de l'argent, sans être obligées de travailler régulièrement. Ces prostituées cherchent le plaisir sexuel dans le commerce avec d'autres filles, en d'autres termes, ces prostituées sont des tribades.

Beaucoup de desiderata exprimés par les femmes abolitionnistes, à part le principe même de l'abolition, sont excellents et devraient être soutenus par tous ceux qui s'intéressent à cette grave question. Mais à côté de ces femmes de bien, il en est qui bataillent ferme contre la réglementation pour de tout autres raisons que les premières.

Enfin je mentionnerai encore une dernière catégorie d'abolitionnistes : ceux qui combattent la réglementation exécutée par la police pour des raisons politico-démagogiques. Pour eux c'est une occasion de plus de tomber sur la police et de faire de la popularité.

Les prostituées.

Il est extrêmement difficile de dire exactement où commence la prostitution et où elle finit. Nous avons d'abord la basse prostituée, que le langage populaire connaît sous les noms de « pierreuse », de « putain », de « grue », etc., et qui se livre au premier venu sans aucun choix. Puis nous avons la « maîtresse ». La maîtresse est une prostituée plus élevée qui, pour gagner de l'argent, fréquente un seul homme pendant un laps de temps plus ou moins long. Enfin il y a encore le « collage ». Dans le « collage » la femme, parfois entretenue par l'homme, se donne à ce dernier par amour. La cause du collage est donc vraiment l'amour. Il n'est pas exclu, bien entendu, qu'après son premier amour, cette femme en ait d'autres, mais elle est toujours poussée par le motif sentimental.

Les femmes de cette dernière catégorie ne peuvent pas être considérées comme appartenant à la prostitution. En effet, la notion de « prostitution » est intimement liée à la volonté de gagner de l'argent. Il ne faudrait donc désigner comme « prostituées » que des femmes vendant leur corps professionnellement et pour de l'argent.

Comme on le voit, il est pratiquement très difficile de délimiter les femmes qui devront être placées sous le contrôle de la police. Peut-être, pour ne pas trop effaroucher l'opinion publique actuelle, devrait-on se contenter, au commencement, de surveiller les catégories de prostituées qui reçoivent les hommes indistinctement et au hasard.

Ces prostituées professionnelles ne devront demeurer que dans des quartiers désignés par la police. Le mieux serait que la prostitution fût parquée dans des maisons spéciales, sorte de casernes qu'il ne faudrait cependant pas confondre, comme on le verra plus loin, avec les maisons publiques actuelles.

Si l'on ne parque pas la prostitution, elle envahit toute la ville, et si la prostituée gagne beaucoup, les bons quartiers sont vite infestés. La morale publique souffre bien plus de cette façon qu'en parquant toutes les filles dans un seul quartier. En effet, dans le premier cas, la jeunesse rencontre partout ces marchandes d'amour, tandis que, dans le second, il est facile de prendre les mesures de police nécessaires pour sauvegarder la décence de la rue.

On a beaucoup écrit contre le casernement de la prostitution. On a mis en avant, avec raison, l'épouvantail de la « traite des blanches ». Le recrutement des prostituées par la traite des blanches n'est pas possible avec le système de casernes que je propose. Une surveillance stricte et des papiers d'identité contenant les empreintes digitales (pour empêcher l'emploi de papiers truqués par les mineures) contribueront à combattre efficacement le trafic de la chair blanche.

Il me paraît impossible que les maisons publiques puissent rester sous leur forme actuelle. La plupart des dangers que présentent aujourd'hui ces maisons, et tout spécialement celui qui concerne le recrutement des filles, pourront être évités en supprimant les « propriétaires » des maisons de tolérance et en faisant de ces dernières une entreprise en commun des prostituées.

En d'autres termes, il faut permettre aux filles de faire de la maison où elles sont parquées une sorte de coopérative.

Ainsi les prostituées demeurent ensemble dans une maison. Chacune a sa chambre. Elles entretiennent le ménage par une caisse dans laquelle chacune verse une contribution mensuelle. Elles gardent le reste de leur gain.

Une telle organisation des maisons publiques diminue fortement, peut-être même supprime-t-elle le danger de la traite des blanches, car les filles n'ont aucun intérêt à se faire concurrence à elles-mêmes. Si la maison, par contre, est dirigée par un propriétaire, celui-ci est forcé de se procurer continuellement du nouveau « matériel », et peut ainsi être amené non pas à exercer lui-même la traite des blanches, mais au moins à y chercher ses pensionnaires.

La maison coopérative garantit aussi aux filles la jouissance de l'argent gagné, ce qui n'est pas le cas dans les « bordels » actuels, où c'est le propriétaire qui les paye. Les conditions faites aux filles dans ces maisons sont très différentes ; on constate cependant toujours que le propriétaire empoche la plus grande partie du gain de ses pensionnaires. Il tâche en outre, par des moyens variés, de diminuer autant que possible ce gain des filles, de sorte que celles-ci n'ont finalement qu'un payement minime ou nul, et sont même parfois forcées de faire des dettes. Ce sont précisément ces dettes qui permettent au propriétaire de rete-

nir les prostituées dans sa maison, et cela bien que
la loi ne reconnaisse pas des dettes pareilles.

Par l'organisation de maisons en commun des
prostituées, cet état de choses disparaîtra. En tout
cas la fille ne sera jamais liée à la maison par des
dettes. Je crois aussi que cette façon de vivre des
filles fera diminuer sensiblement la prostitution
libre, c'est-à-dire les prostituées vivant isolément,
et la prostitution clandestine.

La maison sera soumise à une surveillance sévère
au double point de vue de l'état sanitaire des filles
et des conditions hygiéniques des locaux. Deux à
trois inspections par semaine ne seront pas de
trop.

L'examen médical aura lieu dans des locaux
appropriés, situés dans les divers postes de police
de quartier ou de district. Il sera exécuté par des
médecins de la police qui, dans les grandes villes,
ne pourront pas avoir de clientèle privée, mais qui
seront largement payés par l'État ou la Municipalité.

J'attache beaucoup d'importance à ce que l'examen n'ait pas lieu à un seul endroit, par exemple
à la Centrale policière (Préfecture de Police),
comme c'est le cas aujourd'hui, mais qu'il soit
exécuté aux quartiers mêmes, dans des locaux spécialement aménagés.

Le système actuellement en usage, de faire venir

pour l'examen les prostituées à la Centrale, n'est pas rationnel, parce que les médecins, ayant toutes les filles à examiner, ont trop de travail. Forcément l'examen est abrégé et n'est que superficiel.

En outre, le chemin à faire pour aller à la visite est parfois si considérable que la prostituée préfère risquer une punition administrative que d'aller se faire examiner.

Si la visite a lieu dans les divers quartiers, le chemin à faire sera insignifiant, et les médecins, n'ayant à examiner qu'une partie des filles de la ville, auront le temps nécessaire pour faire un travail consciencieux. Aujourd'hui, comme je l'ai déjà dit, ce n'est pas le cas. L'examen est trop souvent fait très hâtivement. Ce n'est qu'à Dresde que j'ai vu des visites de prostituées exécutées avec les soins nécessaires.

Je ne recommanderai pas l'examen des filles par les médecins de la police dans les maisons mêmes, car il ne pourrait pas y être fait dans les mêmes conditions hygiéniques que dans les locaux spéciaux des postes. Il va sans dire qu'une fois choisi le mode d'examen, examen à la maison ou examen au poste de police du quartier, il faut s'y tenir strictement. Ainsi il ne sera pas permis aux médecins, si le second mode a été adopté, de se rendre dans les maisons contre payement,

La surveillance policière des maisons devra être

très sévère et sans relâche. Les fonctionnaires de la brigade des mœurs et les inspecteurs du service sanitaire (ne dépendant pas du directeur de police et spécialemênt chargés du contrôle de l'hygiène des locaux) y auront accès à tout moment du jour et de la nuit. La propreté des maisons doit être absolue. Des solutions de permanganate de potasse, éventuellement des solutions de sublimé, seront toujours prêtes à l'usage des clients. Ceux-ci seront rendus attentifs à l'importance des lavages avec ces solutions par de grandes affiches placardées dans chaque chambre.

L'accès des maisons sera rigoureusement défendu aux hommes ivres et aux souteneurs. Aucun homme n'y pourra loger. Les infractions à ces défenses seront punies la première fois d'une très forte amende ; en cas de récidive, elles entraîneront l'emprisonnement des femmes responsables et la maison pourra être fermée.

Il serait bon de forcer tout groupement de prostituées dans une maison à s'attacher un garde-malade diplômé, qui examinerait les hommes avant de les admettre au rapport sexuel avec les femmes. Je sais bien que cette mesure serait d'abord très mal accueillie par la clientèle, et que les hommes y verraient une diminution de leur liberté individuelle. Mais si, malgré les protestations qui se produiraient sûrement au début, cette mesure était appliquée énergiquement, les hommes se rendraient vite compte qu'elle est dans leur propre intérêt.

Il va sans dire que cet examen n'aurait pas lieu « coram populo », mais dans un cabinet spécial, où seuls entreraient le garde-malade et le client.

La vente de liqueurs et de boissons alcooliques serait défendue dans les maisons de prostituées. En outre, ces maisons seraient fermées au plus tard à une heure du matin et, à ce moment, tous les hommes devraient la quitter.

Il serait certainement désirable que toute la prostitution d'une ville fût casernée de cette façon. Malheureusement, il est peu probable qu'on y arrive. On ne pourra pas totalement empêcher la prostitution exercée par les filles en chambre. Naturellement, ces filles devront être surveillées comme celles des maisons publiques. Comme ces dernières, elles seront inscrites dans un registre établi par la brigade des mœurs, et subiront également l'examen médical. Chaque examen sera marqué sur la liste par le médecin. Le fait d'avoir manqué, sans excuse valable, une visite médicale sera puni la première fois d'une amende, la récidive par une détention administrative d'une durée plus ou moins longue.

Plus haut, j'ai dit que la surveillance de la prostitution casernée et des filles en chambre incombe

aux inspecteurs de la brigade des mœurs. Les fonctionnaires qui seront appelés à ce service seront
mariés et auront déjà un certain âge. Les jeunes
inspecteurs accompagneront quelquefois leurs cama-
rades dans leur tournée d'inspection pour connaître
aussi cette partie de l'activité de leur brigade, mais
en général ils ne s'occuperont pas de ce service.
Ils seront employés à la surveillance de la traite
des blanches, à celle des souteneurs et aux autres
recherches qui sont du ressort de la brigade des
mœurs.

Les inspecteurs employés à la surveillance de la
prostitution sous toutes ses formes seront souvent
et sérieusement contrôlés par leurs brigadiers et
leur chef. Le système de contre-contrôle est ici tout
à fait à sa place. Ils ne seront d'ailleurs pas chargés de la surveillance seulement de quelques maisons, toujours les mêmes, mais changeront continuellement de maisons et de quartiers. Inutile
d'ajouter qu'il est rigoureusement interdit aux inspecteurs d'accepter des prostituées des cadeaux
sous aucune forme. Si un fait pareil arrive à la
connaissance des chefs, le fonctionnaire fautif devra
être exclu sur-le-champ de la police, peut-être
même poursuivi pénalement pour concussion.

En ce qui concerne la surveillance de la prostitution de la rue (filles en chambre et prostitution
clandestine) il sera nécessaire que la brigade des

mœurs, au moins dans certains quartiers, soit secondée par des agents gradés de la police d'ordre, comme cela se pratique déjà à Paris, par exemple. Ces agents, travaillant naturellement en civil, connaîtront bien leur quartier, et seront d'une utilité incontestable. Ils feront rapport à leur chef de poste des observations recueillies, et celui-ci les fera parvenir immédiatement à la brigade des mœurs de la police judiciaire.

Il va sans dire que la prostitution clandestine ne sera tolérée sous aucune forme, et qu'elle devra être poursuivie sévèrement. Si on ne la traque pas avec la dernière rigueur, la plupart des prostituées se soustrairont au contrôle, comme cela se pratique actuellement dans beaucoup de villes, et l'hygiène publique souffrira gravement de ce manque de sévérité.

Dans quelques villes, il n'est pas permis aux prostituées casernées de se promener librement dans les rues. On leur permet à peine de faire les commissions les plus nécessaires. A mon avis, c'est une cruauté inutile qui dégrade les filles encore plus qu'elles ne le sont déjà. Et pourvu qu'elles ne racolent pas, on ne voit pas sur quoi se fonde cette interdiction. Car enfin elles n'ont point commis de crime, et il leur est tout aussi nécessaire qu'aux autres gens de prendre l'air.

Le racolage, défendu par tous les Codes, sera

puni sévèrement, car c'est le racolage qui attire le plus l'attention de la jeunesse sur la prostitution.

J'ajouterai qu'à notre époque, et spécialement dans certains pays, on cultive dans les maisons publiques des pratiques tout à fait perverses. Ainsi on offre aux clients des cravaches et autres instruments de supplice. La police, mise au courant de ces pratiques, fermera immédiatement la maison. Il en sera de même si elle a connaissance d'autres actes rentrant dans la catégorie des perversions sexuelles.

Enfin des dispositions très larges seront prises pour permettre à toute prostituée de revenir à une vie normale. On essayera surtout d'agir sur les débutantes en leur exposant les dangers du métier.

Les souteneurs.

La question des souteneurs, en relation intime avec celle de la prostitution, est peut-être actuellement une des plus importantes de la criminologie moderne. En effet, il n'est pas exagéré de dire que, si l'on pouvait arriver à faire disparaître les souteneurs, la criminalité professionnelle des grandes villes diminuerait des deux tiers. L'expérience a montré que presque tous les criminels professionnels des grandes villes sont en même temps souteneurs et que beaucoup ont commencé leur « carrière » par le maquerellage.

Ce sont aussi les souteneurs qui poussent les prostituées au crime. Cela est connu de tous les praticiens. Le législateur, lui aussi, s'est occupé de cette grave question, preuves en soient les paragraphes consacrés au maquerellage dans presque tous les Codes pénaux.

Mais aucun de ces paragraphes n'est vraiment efficace, car ils sont rédigés de telle façon, qu'une grande partie des souteneurs peut passer entre les mailles de la loi. Le Code danois est une exception; mais il dépasse le but, car, pour lui, il suffit qu'un homme accepte une cigarette d'une prostituée pour être considéré comme souteneur. Cette sévérité exagérée produit juste l'effet contraire de celui que le législateur cherchait : il est relativement rare qu'on ose appliquer une disposition aussi draconienne.

Les divers pays devraient réviser leurs paragraphes sur le maquerellage, et en faire quelque chose de plus pratique pour le combat contre les souteneurs. Une commission composée de praticiens — fonctionnaires de police — connaissant bien le souteneur et ses habitudes et d'éléments juridiques et théoriques ferait œuvre utile.

Je répète que le souteneur constitue à notre époque le plus grand danger pour la sécurité publique. L'exemple suivant en est une preuve :

On peut prédire avec sûreté que pendant une grève de longue durée les crimes augmenteront

dans une mesure sensible. Ce sont surtout les bri-
gandages et les cambriolages qui se multiplieront.
Ces crimes ne sont pas ou du moins sont rarement
exécutés par les ouvriers en grève, mais par les souteneurs. La cause en est simple. L'ouvrier ne gagne
plus d'argent pendant la grève, et n'a donc pas le
moyen de fréquenter les prostituées. Celles-ci, de
leur côté, ne gagnent plus rien non plus et ne
peuvent plus donner d'argent à leurs souteneurs.
Ceux-ci sont ainsi forcés de se procurer d'une autre
façon de quoi vivre et, comme ils ne veulent pas
travailler régulièrement, ils recourent au crime.

J'ai dit que les dispositions relatives au maquerellage ne sont pas efficaces. En effet, en France, par
exemple, le souteneur peut facilement se procurer une sorte d' « alibi » en se légitimant au moyen
d'un livret d'ouvrier. Les souteneurs des grandes
villes françaises se procurent des livrets d'ouvriers authentiques de la façon suivante : un de
leurs collègues, anciennement menuisier ou serrurier, loue dans un faubourg un petit atelier bon
marché qu'il meuble de quelques rares outils. Il
en fait ensuite l'annonce à la mairie de l'arrondis-
sement. Dès lors le souteneur est un menuisier
ou un serrurier régulièrement établi, et il peut
embaucher autant d'ouvriers qu'il veut. Il remet
à chacun un livret qui sera légalisé, sans objection, par l'autorité. Il va sans dire qu'on ne tra-

vaille pas dans un atelier comme celui-là. Mais quand un de ces souteneurs est arrêté dans une rafle par la police, il sort triomphalement de sa poche son livret d'ouvrier, et la loi ne peut plus rien contre lui « puisqu'il gagne sa vie par son travail ».

D'autres se procurent cet alibi spécial en se faisant passer pour des vendeurs de journaux dans la rue. Ils s'inscrivent à l'expédition d'un journal pour 100 à 200 exemplaires par jour, qu'ils payent régulièrement à raison de 2,5 centimes l'exemplaire. Exhibant leur contrat, ils se font ensuite remettre par l'administration une patente de vendeur de journaux. Ils n'en vendent naturellement pas un numéro, mais s'arrangent avec un vendeur authentique qui écoule, avec ses propres exemplaires, ceux du faux vendeur. Le souteneur cède l'exemplaire à 2 centimes au lieu de 2 centimes 1/2. Sur 200 exemplaires, il perd donc un franc par jour. Mais que lui fait cette perte d'un franc, s'il se procure ainsi une échappatoire? A chaque occasion, il se référera à sa patente parfaitement authentique de vendeur de journaux.

Je pourrais énumérer d'autres « trucs » utilisés par les souteneurs pour se créer des alibis et échapper au paragraphe du maquerellage, mais ceux que j'ai cités peuvent suffire.

Jusqu'à maintenant, je n'ai parlé que des souteneurs de la basse prostitution. Mais il en existe dans toutes les classes jusqu'aux plus hautes, et les inconvénients qu'ils présentent, pour être plus raffinés, n'en sont pas moindres.

Le souteneur de « première classe » se recrute surtout dans ce qu'on appelle en criminologie la « haute pègre ». Les criminels internationaux qui font partie de la haute pègre et les aventuriers sont presque tous en même temps des souteneurs. Ces souteneurs-là trouvent encore plus facilement une justification aux yeux de la justice et de la police que leurs collègues de la basse pègre. Pour les convaincre de leur véritable métier, il faut fréquemment mobiliser tout un contingent d'excellents limiers.

A côté de ces souteneurs qui exécutent en même temps d'autres délits ou des crimes, il y a les souteneurs mondains, qui, se cachent si bien dans la société qu'il est difficile de les démasquer. Il faudrait cependant sévir aussi dans ces milieux et déclarer la guerre aux souteneurs, même s'ils se recrutent dans le meilleur monde. Certes ce travail de la police ne sera pas toujours facile, car les souteneurs mondains ont fréquemment des relations puissantes. Mais ce fait ne doit pas empêcher de les poursuivre avec la dernière énergie.

Encore une observation, qui concerne surtout les souteneurs français, mais qui s'applique aussi aux pays dotés d'un régime politique analogue à celui de la France.

En France on a beaucoup d'égards pour « l'électeur ». Le souteneur, s'il n'est pas en prison ou privé de ses droits civiques, ce qui est relativement rare, est électeur comme tout homme honnête qui n'a jamais eu maille à partir avec la police. On a donc besoin de lui pour les élections. Le souteneur ne fait rien pour rien, et quand il a des difficultés avec la justice ou avec la police, il écrit à son député qui, trop souvent, intervient par souci de sa popularité. Dans bien des cas, grâce à cette intervention, des souteneurs avérés sont restés impunis. Une police bien organisée doit résister aux influences politiques et faire tout son possible pour que le souteneur soit traité comme il le mérite, même s'il est électeur.

L'Angleterre a peut-être été la première, non seulement à reconnaître le danger du souteneur, mais encore à chercher les moyens de le supprimer. Elle est arrivée ces dernières années à diminuer le nombre de ces individus en rétablissant pour eux les châtiments corporels. La plupart des criminels professionnels, apaches et souteneurs, ne craignent rien tant que les châtiments corporels, et la conséquence des mesures prises par les Anglais est déjà aujourd'hui reconnaissable : un grand nombre de souteneurs d'outre-Manche se sont rabattus sur Paris où, malheureusement, on ne se défend pas encore avec autant de vigueur contre ces indésirables. Cette augmentation par l'afflux des souteneurs anglais a été constatée à la Préfecture de police parisienne.

On juge en général faussement les relations entre souteneur et prostituée. Beaucoup de théoriciens en matière criminologique prétendent que celui-là est l'amant de cœur de celle-ci. Le plus souvent ce n'est pas le cas en réalité. La liaison du souteneur avec la prostituée est une association d'intérêts communs, et non pas une liaison d'amour.

Quand la jeune fille se lance dans la prostitution, elle doit se créer d'abord sa clientèle. Cette clientèle, elle la racole dans la rue. Elle y descend donc pour trouver des amoureux de passage. Mais elle y trouve aussi des « collègues » déjà anciennes dans le métier, et pour lesquelles elle constitue une concurrence peu désirable. Ces filles feront tout pour éliminer cette concurrente nouvelle. Si la débutante est seule, elle ne pourra que difficilement résister aux persécutions de ses aînées, mais si elle a derrière elle un souteneur jeune et vigoureux, les autres prostituées du quartier n'oseront plus l'inquiéter.

Petit à petit, la fille s'habitue à son souteneur. Cette habitude est souvent facilitée par le besoin, très répandu parmi les prostituées, d'être brutalisées : ce masochisme les lie encore davantage à leur maître. On rencontre bien rarement le vrai amour chez ces couples, preuve en soit le fait que la fille change fréquemment de « protecteur », et que, comme je l'ai déjà dit, beaucoup de prostituées n'aiment pas l'homme et ne le subissent que pour gagner de l'argent sans être forcées de travailler.

Le grand danger que constitue le souteneur pour la sécurité publique a été déjà indiqué, et nous avons vu que la prostituée entre fréquemment en contact avec le crime. Dans ce qui suit, j'expliquerai rapidement les rapports existants entre le crime et la prostitution, et qui font de la réglementation de cette dernière une véritable nécessité.

Les rapports entre la prostitution et le crime peuvent être de deux sortes : passifs et actifs.

Examinons d'abord les rapports passifs. Il est certain que dans ces milieux, manquant absolument de moralité et très exposés à toutes les impulsions, on ne connaît guère le respect de la propriété et de la vie d'autrui. Un souteneur qui n'est pas content de sa « marmite », parce qu'elle ne lui apporte pas assez d'argent ou qu'elle « flirte » avec un rival, la frappe à coups de couteau pour lui apprendre à respecter sa force. Il n'est pas rare de trouver sur le corps des prostituées toute une collection de cicatrices. Ce sont les « souvenirs » de leurs protecteurs ! Parfois ceux-ci vont jusqu'à tuer les filles par colère ou par vengeance. Car si le souteneur tue la prostituée c'est bien rarement par jalousie d'amoureux ; c'est parce que sa marmite n'est pas « d'un bon rendement » ou qu'il a été blessé dans sa vanité parce qu'elle l'a délaissé pour un autre.

La fille est exposée aussi aux attaques de ses concurrentes. C'est la rivalité ou quelque autre cause professionnelle, où la jalousie joue un grand rôle, qui pousse ces femmes à s'entretuer à coups de couteau. J'attire tout spécialement l'attention sur le fait que la prostituée abandonnée par son « amie » se venge fréquemment de cet abandon par le meurtre. Elle supporte l'infidélité de son homme, mais elle ne pardonne pas celle de son « amie ».

La prostituée est aussi, plus que les autres, exposée à être volée. Ce sont surtout les filles de la haute prostitution qui sont victimes de vols, parce qu'elles possèdent des bijoux de valeur, accessoires indispensables à leur toilette professionnelle. Ces bijoux sont volés ou bien par les souteneurs, et, dans ces cas, la police n'est pas avertie du vol, ou bien par un client qui profite de l'occasion pour s'enrichir aux dépens de la femme. Parfois ces vols finissent par la mort de la prostituée. Comme exemple, je me contenterai de rappeler l'affaire Priatel, alias Tschernadieff, fils du célèbre aventurier Rousanoff, dit « comte de Tschernadieff ».

Enfin la fille est quelquefois aussi victime du sadisme des hommes qu'elle fréquente, comme l'ont montré les crimes du « Tempelhofer Feld » et ceux de Jack l'éventreur.

Les rapports actifs entre la prostitution et le crime sont fort variés.

Nous avons d'abord les crimes et les délits où la femme joue le principal rôle. Ce sont en grande partie des crimes et des délits professionnels, tels que racolage, entôlage, chantage et extorsion, proxénétisme combiné ou non avec la traite des blanches, etc...

Ensuite nous trouvons la prostituée comme auxiliaire et comme complice de crimes et de délits commis par des hommes. Ainsi la fille de basse classe sert fréquemment d'indicatrice, et parfois de collaboratrice directe aux forfaits de son souteneur et de ses amis. On connaît beaucoup d'assassinats où la fille publique a joué un rôle important à côté d'escarpes. Dans certains cas même, la prostituée a été à la tête de véritables bandes de malfaiteurs, qui ont commis non seulement des vols importants avec effraction, mais aussi des assassinats.

Il ne faut pas oublier l'espionnage comme crime spécifique surtout de la haute prostitution. La basse prostitution fournit d'ailleurs également son contingent à l'espionnage, et la fille publique est très fréquemment l'intermédiaire entre l'individu pratiquant l'espionnage et l'organe intéressé à recevoir les communications et les renseignements.

J'ai déjà dit que le souteneur fournit le gros des criminels professionnels des moyennes et des grandes villes. Parmi les crimes importants commis ces dernières années par des professionnels dans les grandes villes, comme Paris, il en est peu dont l'auteur ne fût en même temps souteneur. Je ne rappelle que l'affaire Liabeuf.

Je signale encore le chantage, si volontiers pratiqué par le souteneur, surtout aux dépens des gens du monde. En outre, si le souteneur ne s'attaque guère directement au client de sa « femme », on le voit par contre assez souvent attaquer les hommes qui refusent les avances de la fille.

J'insiste donc encore sur la nécessité de combattre le souteneur avec la dernière énergie, si l'on veut que le nombre des crimes diminue. Et, selon moi, pour être efficace, la lutte contre ces individus dangereux doit leur réserver des punitions très sévères. Le mieux serait de suivre l'exemple anglais et d'introduire les châtiments corporels.

Encore un mot sur la preuve du maquerellage devant les tribunaux. Le souteneur nie naturellement toujours d'être entretenu par la prostitution d'une femme. La preuve du contraire n'est pas toujours facile à administrer. J'ai montré par quels

« trucs » ces gens-là se créent des *alibis*. La preuve est alors uniquement fournie par le rapport de police, et ces rapports sont souvent mis de côté par le tribunal. Ainsi il arrive tous les jours dans les grandes villes que la police arrête des souteneurs notoires et que ceux-ci sont relâchés le lendemain par le magistrat compétent « faute de preuves ». Les rapports de police, surtout ceux de la police des mœurs, sont considérés par lui comme suspects d'exagération, et il n'en tient pas compte.

Cet état de choses est très nuisible à la sécurité publique, car les souteneurs profitent de cette méfiance de la magistrature à l'égard de la police. Qu'on rende les agents civilement responsables des erreurs judiciaires qu'ils auront provoquées par des rapports mensongers ou sciemment exagérés. Les policiers qui ont la tendance à corser leurs rapports feront attention, quand ils sauront qu'ils payeront de leur poche les dommages et intérêts que demanderont les victimes d'une erreur judiciaire, conséquence de leurs agissements. D'ailleurs de telles erreurs sont déjà maintenant rares, et elles le seront encore plus quand on aura réorganisé la police comme je l'ai exposé dans ce qui précède. Alors le rapport du policier fera foi devant le tribunal et ne sera plus mis de côté comme suspect.

CHAPITRE V

POLICE POLITIQUE,
POLICE MUNICIPALE, ETC.

—

Il me reste à examiner brièvement quelques points intéressant l'organisation générale de la police.

La police doit-elle dépendre des municipalités ou de l'État ? Pour ma part il n'y a aucun doute : la police doit être une police d'État. J'ai montré ailleurs l'inconvénient du manque d'unité de commandement des polices d'une même ville. Le défaut d'unité de direction des diverses polices d'un même pays n'est pas moins préjudiciable. Si chaque ville a une police à elle, il n'est pas possible d'obtenir un travail d'ensemble rationnel. Et cependant l'unité des méthodes de travail devient de plus en plus nécessaire avec les facilités de transport qui sont offertes aujourd'hui non seulement aux honnêtes gens, mais aussi aux malfaiteurs.

On pourra m'objecter que la plupart des pays possèdent une gendarmerie dépendant directement de l'État, et que cette gendarmerie exerce la police

R.-A. REISS.   10

sur tout le territoire, à l'exception des grandes
villes. Mais c'est précisément dans les grandes
villes que la police est le plus nécessaire. Et puis,
la gendarmerie est une sorte de police, c'est entendu,
mais une police militaire d'un fonctionnement très
différent de celui de la police judiciaire, par exemple.
Je suis le premier à reconnaître que la gendarmerie
est un excellent moyen d'ordre, et je suis le premier
à déclarer que l'esprit qui y règne est parfait, mais
les praticiens seront d'accord avec moi pour reconnaître aussi que, avec son organisation et son recrutement strictement militaires, elle ne peut pas
être considérée comme une police criminelle efficace.
Je concède volontiers que, dans certaines affaires
criminelles, la gendarmerie peut être fort utile à
la police judiciaire ; mais je pense, en général,
que cette sorte de travail n'est pas de sa compétence.

A part la nécessité de l'unité de direction des
polices d'un pays, je suis encore pour la police
d'État, afin de soustraire, autant que possible, ce
rouage de la vie publique aux influences politiques.

En effet, si la police est municipale, l'influence
politique des dirigeants de la ville se fera forcément
sentir. Suivant la nuance politique des magistrats
urbains la direction et les instructions données à
la police changeront. Il n'y aura pas de suite dans
le programme imposé. Le système des polices

municipales est aussi plus exposé aux dangers du favoritisme, preuve en soit la police de New-York, qui a été toute dévouée à Tammany Hall.

On répliquera que, dans les Républiques surtout, l'État est aussi dirigé par des hommes politiques, et que la politique du gouvernement peut avoir également une influence sur les polices des diverses villes du pays. Cela est vrai, mais cette influence est moins directe et, en tout cas, elle est uniforme dans tout le territoire, de sorte que l'unité de méthode de la police est sauvegardée. D'ailleurs les gouvernements des États, n'ayant pas de « clientèle locale » à soigner, comprendront plus vite et plus facilement que les municipalités qu'il est absolument indispensable de bannir complètement la politique des affaires de police.

Il va sans dire que les villes rembourseront à l'État les frais qui lui seront occasionnés par l'exercice de la police sur leur territoire.

En ce qui concerne les petites villes et les villages, on créera, suivant l'exemple donné par la France, des brigades mobiles qui exécuteront la police judiciaire. La gendarmerie y remplira le service d'ordre.

A plusieurs reprises, j'ai parlé de la nécessité d'affranchir la police de l'influence politique. On me demandera ce que je ferai de la police politique existant dans tous les grands pays, et même dans des pays de seconde importance. Je répondrai que je supprimerai tout simplement ce service, sauf la partie qui concerne la surveillance des anarchistes, et cela pour les causes que j'ai exposées antérieurement.

Sous la dénomination de « police politique » je n'entends d'ailleurs que le service secret de renseignements politiques. La surveillance de tout ce qui se fait au grand jour : réunions publiques, etc., incombe naturellement à la police, de même que tout ce qui concerne les crimes provoqués par la politique.

Que fait donc cette police politique ? Elle surveille les agissements des adversaires du gouvernement, elle surveille les députés, elle crée des dossiers concernant des gens qui n'ont commis aucune infraction aux lois, mais qui ne suivent pas le même drapeau que les dirigeants du pays. Et elle est très impopulaire, cela se comprend.

Je ne conteste pas que chaque gouvernement doive être renseigné sur ce que font ses adversaires. C'est malheureusement une nécessité. Mais qu'il se procure ces renseignements par un service spécial, strictement séparé de la police, et rattaché directement aux ministères qui en ont besoin.

Qu'on enlève aussi à ce service le nom de « police ». Qu'on le dénomme « service des renseignements politiques », ou autrement si l'on veut, mais qu'on en débarrasse la police !

Je n'hésite pas à déclarer que l'impopularité de la police provient en très grande partie, sinon en entier, du fait qu'elle est encore souvent utilisée pour la besogne politique. Le public comprend parfaitement bien que la police doit combattre par tous les moyens les malfaiteurs qui tombent sous le coup de la loi, mais ce qu'il ne comprend pas, c'est qu'on s'en serve pour surveiller des gens qui ne poursuivent aucun but contraire aux lois, et dont le seul tort est de penser autrement que ceux qui sont au pouvoir.

Je le répète : les gouvernements sont dans leur droit de s'entourer de tous les renseignements politiques dont ils ont besoin, mais qu'ils fassent faire cette besogne en dehors de la police. Le danger de « l'agent provocateur » est trop grand. Qu'on se rappelle les affaires Azeff, Landesen, Gapone !

En parlant du directeur et des chefs de la police, j'ai mentionné aussi la bureaucratie qui règne dans ses services. En général, cette bureaucratie est beaucoup trop développée dans les polices des différents pays. Les policiers deviennent trop souvent de véritables bureaucrates.

La police doit avoir une liberté d'action aussi grande que possible, et cette liberté d'action ne peut exister que si les travaux purement bureaucratiques sont réduits à un strict minimum. Ce n'est malheureusement pas le cas aujourd'hui. Ce qu'on fait faire de paperasserie à la police ! Quelqu'un, par exemple, a perdu un parapluie qui vaut peut-être 3 ou 4 francs. Si ce parapluie est trouvé et déposé à la police, les formalités et pièces exigées pour le rendre à son propriétaire sont innombrables ! Et pendant que le personnel de la police est occupé à exécuter ces formalités ou à porter des formulaires d'impôts aux contribuables, messieurs les malfaiteurs travaillent en toute sûreté à dévaliser les bourgeois.

Les travaux de bureau devront donc être réduits au strict minimum, et l'exécution en sera confiée à des employés et non à des policiers. Ces derniers pourront ainsi consacrer tout leur temps à leur vraie mission.

Plusieurs fois, j'ai parlé de police internationale. Examinons brièvement pourquoi nous en avons besoin et comment cette police devra fonctionner.

Il n'y a pas de doute : l'organisation actuelle de la police judiciaire des divers pays est défectueuse. La police internationale manque complètement. Cependant cette police est absolument nécessaire à la sécurité internationale. Les criminels internationaux, dont le nombre augmente d'année en année, utilisent largement les moyens modernes de communication, qui sont extrêmement commodes et rapides, pour travailler tantôt dans un pays, tantôt dans l'autre. Ils paraissent et disparaissent comme la sorcière dans les contes de fées. Le plus souvent, la police est impuissante vis-à-vis d'eux, vu le peu de temps qu'ils séjournent dans un même endroit. Jusqu'à ce que l'autorité ait demandé son arrestation et son extradition par la voie diplomatique, cette « assurance contre les accidents des malfaiteurs internationaux », le recherché a changé depuis longtemps de champ d'opération. Et encore, pour faire cette demande, il faut savoir d'abord où l'international s'est rendu. Si chaque fois son arrivée et son départ étaient signalés à un bureau central de surveillance, son arrestation serait presque toujours assurée.

Pour combattre efficacement le monde des criminels et aventuriers internationaux, nous devons donc créer un bureau international de renseignements, qui soit en communication directe avec toutes les polices d'États et de villes. Ce bureau international de police sera organisé comme l'Union postale universelle, par exemple, c'est-à-dire qu'il travaillera pour tous les pays et sera aussi entretenu partous les pays.

En quoi consistera la tâche de ce bureau international de police ?

En premier lieu, il aura à s'occuper de la surveillance des rats d'hôtel et cambrioleurs internationaux, des aventuriers de toute sorte, de la traite

des blanches, des anarchistes, etc. Cette surveillance s'exercera à peu près de la façon suivante :

Un « international » arrive dans une ville, à
Genève par exemple, et descend dans un hôtel. Il
n'y travaille pas, mais il prépare un « coup » pour
ailleurs. Il est connu de la police genevoise, parce
qu'il a déjà eu maille à partir avec elle ou parce que
son signalement a paru dans un bulletin de
recherches. Elle annoncera donc immédiatement
par télégramme au bureau international l'arrivée de
cet individu, et le bureau recherchera aussitôt dans
les mandats d'arrêts internationaux qui lui sont
transmis télégraphiquement par tous les pays s'il
y en a un contre lui ou non. Dans le cas affirmatif
la police de Genève sera priée de procéder à l'arrestation immédiate, avant que l'homme ait eu le
temps de s'échapper.

On peut m'objecter que toutes ces complications
ne sont pas nécessaires, puisque la police genevoise n'a qu'à consulter les bulletins de recherches
pour savoir s'il y a mandat d'arrêt ou non contre
l'individu en question. Mais tout policier praticien
sait combien de temps se passe souvent jusqu'à ce
que le signalement d'un recherché paraisse dans
les bulletins, et il sait également combien il est
important dans des cas pareils qu'on soit averti
sans retard. De plus les directions de police ne
reçoivent que fort rarement un grand nombre de

bulletins étrangers et encore sont-ils publiés dans une langue qu'elles ne connaissent pas. Elles se contentent donc de classer les signalements indigènes.

Mais revenons à notre exemple, et supposons qu'il n'y ait pas de mandat d'arrêt. La police de Genève surveillera alors notre homme et, lors de son départ, elle en avisera sur-le-champ le bureau international en lui indiquant, si possible, l'endroit où il se rend, ou tout au moins la direction qu'il a prise. Le bureau avertira de son côté la police du lieu de destination de la prochaine arrivée du « client indésirable ». Ainsi on arrivera à suivre facilement les déplacements des « internationaux ».

Pour faciliter, ou si l'on veut pour rendre possible la surveillance internationale des criminels, le bureau international de police établira, à l'aide des photographies et signalements qui lui parviennent de tous côtés, des albums dans le genre des D. K. V. du service de l'identité judiciaire de la Préfecture de Paris, et les enverra aux directions de police des divers pays.

Le bureau aura également à surveiller le marché international financier au point de vue des entreprises suspectes et frauduleuses qui deviennent de plus en plus nombreuses. Il complètera ainsi utilement les bureaux locaux de surveillance des entreprises financières, dont j'ai parlé à propos de l'organisation de la police criminelle.

Au bureau international de police, auquel on pourra donner le nom de « Centrale policière internationale » ou « Institut de police internationale », il incombera aussi d'examiner et d'essayer les nouveautés proposées dans le domaine de l'identification, etc. Les méthodes reconnues bonnes seront proposées à l'usage policier international.

A cet effet, la Centrale aura besoin d'un laboratoire d'essai, qui sera dirigé par un policier technicien accompli. L'organisation de ce laboratoire d'essai est très désirable dans l'intérêt de l'application uniforme des méthodes techniques policières, uniformité qui est, comme je l'ai déjà dit à plusieurs reprises, d'une valeur considérable pour les rapports internationaux.

Le laboratoire, qui aura suffisamment de matériel de toute provenance à sa disposition, aura par exemple à décider laquelle, dans la douzaine de méthodes de classement dactyloscopique que nous avons actuellement, est la plus pratique et, par conséquent, devra être introduite internationalement. Le personnel du laboratoire, étant lui-même international, ne sera pas tenté de préférer une méthode donnée, par chauvinisme national.

Le laboratoire organisera également des cours auxquels des fonctionnaires des États adhérents seront conviés, cours dans lesquels on démontrera l'emploi des nouveautés techniques reconnues bonnes. Éventuellement, il pourra aussi rédiger une revue périodique résumant toutes les nouveautés des services de police parues dans la presse ou ailleurs.

Une dernière tâche de la Centrale sera de créer une brigade mobile internationale composée de détectives de première classe, choisis dans les différents pays intéressés. En cas de recherches internationales, des inspecteurs de cette brigade seront adjoints, sur la demande des intéressés et à leurs frais, aux polices judiciaires nationales. Cette collaboration de l'élément national avec l'élément international donnera d'excellents résultats.

Ce qui précède résume les tâches principales de la Centrale policière internationale, telle qu'elle est réclamée par moi depuis de longues années.

En causant avec de hauts fonctionnaires de police de divers pays, j'ai pu me convaincre que la plupart des États sont d'accord sur la nécessité de la création de cet Institut. Mais ils craignent une chose : la police politique. Ils ont peur que cette institution ne serve à faire aussi de la police politique.

A mon avis, cette crainte n'est pas fondée. Si la direction de la Centrale internationale est confiée à une personnalité reconnue impartiale, cette impartialité sera alors la garantie qu'on ne fera que de la police criminelle et nullement de la police politique en faveur de tel ou tel pays. D'autre part, l'internationalisation complète du personnel constituera encore une garantie de plus du fonctionnement non-politique de l'Institut.

La police criminelle est internationale par essence. Elle ne demande pas la nationalité des victimes des crimes. Elle défend la vie et les biens de tous et si des personnes ont été préjudiciées par une action criminelle ou délictueuse, elle a pour devoir de livrer le coupable à la justice pour le faire punir. Mais pour remplir cette tâche, il faut qu'elle puisse agir rapidement, et que son action ne soit pas arrêtée par des frontières. La création d'une Centrale policière internationale contribuera puissamment à ce but.

Enfin la réorganisation de la police demandera de l'argent, même beaucoup d'argent. En effet, sans argent on ne peut pas faire de bonne police. On se rend actuellement trop peu compte de ce fait. Quand, dans les parlements ou les assemblées municipales, on demande de l'argent pour la police, tout le monde se récrie et trouve qu'on dépense déjà trop pour cet organe de la sécurité publique.

Et pourtant ces mêmes assemblées votent des sommes énormes pour les armées. Je suis le dernier à nier que les armées soient nécessaires, et, pour qu'elles puissent nous défendre un jour contre un ennemi X, je ne m'oppose pas à ce qu'on leur donne les moyens de se tenir à la hauteur de leur tâche.

Mais on oublie qu'à côté de cette armée militaire nous avons une seconde armée qui, elle, est toujours sur le pied de guerre contre le crime, et qui perd annuellement un gros contingent par les maladies, contractées au service, ou par les armes des assassins : c'est la police. Qu'on lui donne donc aussi les moyens nécessaires pour se mettre à la hauteur de sa tâche !

L'économie poussée trop loin en ce qui concerne la police est une grave erreur des États. Elle leur coûte cher. Je l'ai dit : sans argent pas de bonne police, et s'il n'y a pas de bonne police les crimes et les délits augmentent sans que les auteurs en soient trouvés. C'est ce qui arrive aujourd'hui partout.

Depuis quelques années, je fais une statistique de ce que coûte annuellement aux citoyens de la Suisse l'activité des criminels et délinquants. J'ai constaté que chaque année la valeur de ce dommage augmente. Pour l'année passée, il était de 65 millions au minimum. Si la police était mieux organisée en Suisse, comme du reste dans tous les autres États, ce chiffre, qui est énorme pour un petit pays, descendrait certainement de beaucoup.

Donc ne faisons pas de fausses économies, et payons à la police sa responsabilité, ses services et les dangers qu'elle court. Nous pourrons avoir alors un organe d'ordre et de sécurité publique instruit professionnellement, et nous n'aurons plus, comme c'est encore très souvent le cas, des policiers de fortune casés là parce qu'on ne pouvait pas les utiliser ailleurs. Rappelons-nous que la police est un métier difficile, délicat et, fréquemment aussi, dangereux, et qu'on ne peut pas improviser un policier. Les policiers doivent avoir une éducation professionnelle comme les travailleurs de tout autre métier, je dirai même que cette éducation doit être encore beaucoup plus soignée que celle des autres, car leur responsabilité est plus grande.

TABLE DES MATIÈRES

MACON, PROTAT FRÈRES, IMPRIMEURS

www.ingramcontent.com/pod-product-compliance
Ingram Content Group UK Ltd.
Pitfield, Milton Keynes, MK11 3LW, UK
UKHW022223120726
13694UKWH00002B/676